汉译阿拉伯经典文库

大礼集与小礼集

〔阿拉伯〕伊本·穆加发 著
杨言洪 译

商务印书馆
创于1897
The Commercial Press

图书在版编目（CIP）数据

大礼集与小礼集 /（阿拉伯）伊本·穆加发著；杨言洪译．—北京：商务印书馆，2023
（汉译阿拉伯经典文库）
ISBN 978-7-100-21614-2

Ⅰ.①大… Ⅱ.①伊… ②杨… Ⅲ.①伊本·穆加发—箴言—汇编 Ⅳ.①B371

中国版本图书馆 CIP 数据核字（2022）第 153904 号

DALIJI YU XIAOLIJI
大礼集与小礼集

〔阿拉伯〕伊本·穆加发 著
杨言洪 译

商 务 印 书 馆 出 版
（北京王府井大街36号 邮政编码 100710）
商 务 印 书 馆 发 行
北京富诚彩色印刷有限公司印刷
ISBN 978-7-100-21614-2

2023 年 1 月第 1 版　　开本 889×1194 1/16
2023 年 1 月第 1 次印刷　　印张 15 插页 6

定价：88.00 元

总　序

世界四大文化体系中，中国和阿拉伯占有二席。纵观历史，中华文明与阿拉伯文明都曾为世界文明做出了举足轻重的贡献，中华民族和阿拉伯民族都曾经创造出辉煌灿烂的文明，交相辉映于世界东方。“从世界文化史的角度说，从 8 世纪中叶到 13 世纪初这一历史时期，阿拉伯人是全世界文化和文明之源泉的主要担当者。”[①] 古籍是历史文化最重要的载体之一，历来受到学者的极大关注。中世纪阿拉伯语的古籍抄本多达 500 万种，经过近千年的历史涤荡和自然侵蚀，流传至今的约有 20 万种，其中经考据校勘后印刷出版的有近千种。阿拉伯古籍丰富了人类文明宝库，影响巨大而深远。因此，如何将阿拉伯古籍中的经典之作翻译为本国文字，让更多的学者和读者领略阿拉伯民族的历史脉络与底蕴，始终为世界上各文化大国的学术界所重视。

阿拉伯人曾在东西方文化交流中起到重要的桥梁作用，阿拉伯文明对欧洲文艺复兴也产生过显著影响。古典东方学起源于欧洲，17 世纪以来，英、法、德、俄、荷等国家的东方学家不仅将大量阿拉伯古籍翻译为本国文

---

① 梁潮、麦永雄、卢铁澎：《新东方文学史》，广西师范大学出版社，1990 年，第 552 页。

字，而且相当一部分阿拉伯古籍抄本，是经他们之手校勘后先于后世阿拉伯人出版面世的。这一翻译运动的丰赡成果为现当代东方学，尤其是阿拉伯学的深入研究提供了丰厚土壤，也伴随着工业革命，助推这些国家成为经济与文化的强国。

相对而言，我国阿拉伯学研究起步较晚，阿拉伯古籍的翻译基础较弱，20世纪初叶，除少量宗教著作和《一千零一夜》外，几无可陈。中华人民共和国成立后，中阿关系掀开了崭新的一页，发展迅速。掌握阿拉伯语的有限学者，将精力和时间投入到现当代阿拉伯政治、经济、文化、文学等领域的研究，大多无暇顾及阿拉伯古籍的翻译。人们能够见到的汉译阿拉伯古籍屈指可数，更遑论成体系、有规模的翻译。直到21世纪初，时任上海外国语大学中东研究所所长的朱威烈教授，作为倡导和构建我国阿拉伯学的旗手，申请将“阿拉伯经典名著翻译和研究”列入教育部人文社会科学研究重大项目并获得批准，阿拉伯古籍翻译才登堂入室，引起学界重视，进而成为“汉译阿拉伯经典文库”的前身。

实际上无论是对于传统意义上的阿拉伯学，还是具有中国特色的阿拉伯学，阿拉伯古代经典著作的翻译和研究，都是绕不过去的一道坎，都是需要补上的一课。因为以古为鉴，可知兴替，以史为鉴，可明事理——这是凝结着深刻人类智慧的名言。

2013年，习近平主席提出的“一带一路”倡议，如今已然深入人心，遍地开花，正逐步走深走实。该倡议的精旨之一即为“民心相通”和“人类文明交流互鉴”。翻译出版阿拉伯古籍中的经典之作，对于深化中国和阿拉伯国家间的了解，强化中阿文明的互学互鉴，细化“和而不同，美美与共”的理念，无疑具有重要的现实意义。当前，“一带一路”倡议正由气势磅礴的“大写意”，向精谨细腻的“工笔画”转进。中华民族和阿拉伯民族是古今丝绸之路的重要缔造者和参与者，我们相信“汉译阿拉伯经典文库”的出版，将成为中阿人民情感交流、心灵沟通的一幅不可或缺的“工笔画”。此为天时。

商务印书馆是中国现代历史上最悠久、蜚声海内外的出版机构，与北京大学一起被誉为“中国近现代文化史上的双子星座”。同时，自 20 世纪 30 年代开始，商务印书馆陆续出版了一系列有关阿拉伯历史文化的著作。我国著名的伊斯兰学者马坚、纳忠等先生的重要代表作品，以及“阿拉伯语—汉语”的权威辞书，许多出自该馆。今天，商务印书馆计划推出 30 部左右涉及古代阿拉伯文学、历史、哲学和地理等学科经典著作，更显示出其远见与魄力。此为地利。

近年来，我国阿拉伯语教育和阿拉伯学研究事业顺应时代要求，取得了突飞猛进的发展。目前我国开设阿拉伯语专业的高等院校已达 50 余所，具有中国特色的阿拉伯学研究成就显著，不久前召开的“第一届亚洲阿拉伯学大会”上，中国学者成为名副其实的主角便是例证。“汉译阿拉伯经典文库”的译者群中，既包括学养深厚的老一代学者，也包括崭露头角的青年学者。薪火相传，后继有人，是完成这一译事的坚实基础。此为人和。

“汉译阿拉伯经典文库”的出版，可谓恰逢其会，应运而生。

绵绵用力，久久为功。阿拉伯古籍的翻译是一项艰巨繁难的学术工作，不可能毕其功于一役，也不可能由一代人完成。但只要我们持之以恒，代代为继，一定能够取得粲然可观的成果。今年是中华人民共和国七十华诞。躬逢盛世，与有荣焉。真心希望商务印书馆此时推出的“汉译阿拉伯经典文库”，能够为中国特色阿拉伯学的建设，为促进中外学术交流的事业，为实现构建人类命运共同体的美好愿景添砖加瓦、贡献力量。

在此值得一提的是，不论是当初的“项目”还是现在的“文库”，都得到了我国外交部亚非司和中阿合作论坛事务中方秘书处的鼎力支持和资助，这是我们特别需要感谢的。同时，我们也对商务印书馆总编辑周洪波博士，以及负责“汉译阿拉伯经典文库”策划与编辑的各位人士，表示诚挚的谢意。

葛铁鹰

2019 年春末于北京

目 录

◇前　言◇

一、伊本·穆加发的生平

本书作者阿卜杜拉·伊本·穆加发（公元724—759年，即伊历106—142年），祖籍波斯，原名鲁兹拜·本·达兹文，号艾布·阿慕鲁，皈依伊斯兰教之后改名为阿卜杜拉，号艾布·穆罕默德。

其伊本·穆加发之名的由来，当归因于其父达兹维耶。达兹维耶曾在伍麦叶王朝时期（公元661—750年）担任波斯地区的税务官，其间利用职务之便，贪污公款，后被总税官哈贾吉[①]查出，遂命人掌其双手，致其双手萎缩，于是被冠以"双手萎缩者"的绰号，伊本·穆

---

① 哈贾吉，全名为哈贾吉·本·优素福·赛格菲，阿拉伯著名将领和演说家，曾为阿拉伯帝国拓展疆土立下了汗马功劳。后掌管伍麦叶王朝的国库，素以执政严厉而闻名。卒于公元714年。

加发即意为“双手萎缩者之子”。

伊本·穆加发少年时期接受波斯文化教育，信奉祆教。早年当过文书的父亲发现他天资聪颖，思维敏锐，悟性极高，具有强烈的求知欲，于是便培养他学习语言，鼓励他掌握波斯语和阿拉伯语，希望他日后成为专事写作的文书，因为当时阿拉伯语在阿拉伯伊斯兰帝国中乃是国语和公文通用语。

少年伊本·穆加发随父母来到巴士拉，遂开始学习阿拉伯语，接触阿拉伯伊斯兰文化，并皈依了伊斯兰教。当时的巴士拉乃是一座颇有名气的文化都城，那里文人会聚，学派云集，辩论成风，百家争鸣。这种良好的文化环境使伊本·穆加发获益匪浅，也为其日后的成就奠定了坚实基础。

在巴士拉，伊本·穆加发与擅讲标准阿拉伯语的泰米姆族人融为一体，并结识了许多知名的阿拉伯语大师，从而使自己的阿拉伯语水平大为精进。

因为伊本·穆加发精通阿拉伯语和波斯语，文才出众，所以在步入仕途之后，便一直在官府做书记官。他曾先后担任哈里发曼苏尔[1]的两位叔父——时任库尔曼埃米尔的伊萨·本·阿里·本·阿卜杜拉以及时任巴士拉埃米尔的苏莱曼·本·阿里·本·阿卜杜拉的书记官。

作为书记官，其角色大体相当于中国古时衙门中的师爷，最高也莫过于今天的办公厅主任，但伊本·穆加发显然不是一名普通的书记官，他前后所服务的对象均是类似藩王或诸侯王的埃米尔，他们与伊本·穆加发过从甚密，待之如友，视其为心腹和兄弟。更兼伊本·穆加发学识渊博，文笔绝妙，才华横溢，声名显赫，所以当时许多埃米尔与其相识。

当时哈里发曼苏尔的另一位叔父阿卜杜拉·本·阿里担任大马士革埃米尔，他起兵造反，事败后受到哈里发通缉，遂逃至其两位兄弟苏莱曼及伊萨处避难。哈里发要求他们交出阿卜杜拉，他们则要求哈里发答应赦免阿卜杜拉之罪，并由他们拟定赦免条件。哈里发同意之后，他们便责成伊本·穆加发代撰赦免诏书，不料这却为他惹来杀身之祸。他在赦免诏书中用辞

---

① 曼苏尔（公元 707—775 年），阿拔斯王朝第二任哈里发，公元 754—775 年在位。

尖刻，对哈里发曼苏尔冷嘲热讽，多有不恭，乃至哈里发阅罢大为光火。后得知捉笔人乃是伊本·穆加发，遂对其怀恨在心，恨之入骨。

不久，哈里发曼苏尔便免去了其叔父苏莱曼巴士拉埃米尔之职，任命苏富扬·本·穆阿维叶接替其位。伊本·穆加发不知是出于自己内心的不满与愤慨，还是想为其埃米尔朋友打抱不平，竟然在一个公开场合，当众嘲讽苏富扬这位新任埃米尔的长相和学识，遂使对方怀恨在心。此后一天，伊本·穆加发走进苏富扬官邸办理公事便再也没有出来，原来苏富扬已将其秘密杀害。据说，处死伊本·穆加发乃是哈里发的旨意。

关于伊本·穆加发之死，还有另外一种版本：哈里发以“伪信罪”将其公开处死。

无论是公开处死还是秘密杀害，上述两种说法均表明是哈里发本人钦定了伊本·穆加发之死。换言之，伊本·穆加发有意无意中陷入统治集团的明争暗斗，并且得罪了最高统治者，最终做了统治集团争权夺利的牺牲品。

按照史书记载，伊本·穆加发遇害时间是公元759年（伊历142年）。据此推算，伊本·穆加发终年36岁。

就这样，一个如日中天的天纵之才，一颗冉冉升起的耀眼明星戛然陨落。

二、伊本·穆加发的学问及其影响

伊本·穆加发短短的一生，横跨了伍麦叶王朝后期和阿拔斯王朝前期，这一时期正是阿拉伯伊斯兰文明从孕育、成熟并发展到辉煌的肇始时期。

伊本·穆加发天赋奇高，才华横溢，在文坛和学界声名日隆，其作品与学问备受同代学界推崇，也为后世留下深远的影响。

伊本·赛勒慕曾记叙："听到许多学界泰斗评论说：在圣门弟子之后，凡阿拉伯智者，皆无出赫里勒其右，凡波斯智者，皆无出伊本·穆加发其右。"[①] 由此可见学术界对二人的评价何等之高。

赫里勒·本·艾哈迈德·法拉希迪是阿拔斯时期的一代大师，曾编纂了第一部阿拉伯语

---

① 侯赛因·阿里·朱玛:《站在两大文明之间的伊本·穆加发》，原载《我们的文化》季刊第二期第一卷，2004 年，第 87 页。

词典《艾因书》，归纳总结出阿拉伯古代诗歌的16个格律，同时也是巴士拉语法学派的主要代表人物，著名的《语法书》作者西拜威便是其弟子之一。有人在赫里勒与伊本·穆加发一次长谈之后向他询问后者的学问如何，他回答说："在我能想到的任何一门知识和学问中，伊本·穆加发皆出类拔萃，超群绝伦。"

大马士革大学古代文学教授侯赛因·阿里·朱玛对伊本·穆加发如此评价："他是矗立在消亡的波斯文明与新兴的伊斯兰文明之间的一座桥梁，他丰富了文明的成果和遗产。"①

伊本·穆加发精通波斯语和阿拉伯语，熟悉波斯文化与阿拉伯文化，他将两种文化完美地结合在一起，一生著述译介大量作品。中国读者最熟悉的是伊本·穆加发从古波斯文译成阿拉伯文的寓言故事集《卡里来和笛木乃》，该书源于印度的《五卷书》，他在翻译过程中进行了大量删改和艺术加工。

将波斯和印度的哲学、希腊逻辑学、伦理学、社会学带入阿拉伯语，伊本·穆加发是第

---

① 侯赛因·阿里·朱玛：《站在两大文明之间的伊本·穆加发》，原载《我们的文化》季刊第二期第一卷，2004年，第87页。

一人，也是他对阿拉伯语做出的巨大贡献。

伊本·穆加发学识渊博，是一位天纵奇才，学问大家。他一生著述颇丰，其丰硕程度甚至令人怀疑其在世只有短短的36年。

《大礼集与小礼集》是一部论述行为规范、伦理道德和处世哲理的箴言集，旨在改良社会，弘扬道德，教化大众。

“大礼集”分三个篇章，上篇“为君之礼”，论述帝王的治国之道、御民之术以及帝王应具备的道德品行；中篇“为臣之礼”，论述臣子的事君之道、为政之术以及与同僚的相处之道；下篇“为友之礼”，论述辨人、识人之术，择友、交友之法以及朋友之间的相处之道。

“小礼集”则论述社会伦理道德，劝导人们求学上进、立业修身。并倡导彰善瘅恶、扶弱济贫。

伊本·穆加发为人谦逊，从不妄言学问，《大礼集与小礼集》系他本人所作，但他却谦称并非由其原创，而是由他在收集、整理和翻译先哲言论的基础上加工而成。

诚如他在“小礼集”中论述的那样：“我们当世的学者追求学问的最高境界，不过是从前人的知识中汲取营养而已，我们的论道者所谈论的最精彩的话题，皆源于前人撰写的书籍。”“谁若讲出自认为同时也受到别人赏识的绝妙佳句，切莫像发明创造者那样炫耀。因为正如我们所描述的那样，那并非由他原创，而是从别人那里撷取而来。”

因此，我们可以认为：从某种程度上来说，这部箴言集乃是具有鲜明伊斯兰文化特色的阿拉伯文化与波斯文化精华的集成，因为它并非仅仅包括阿拉伯民族的箴言，同时还包括波斯民族甚至其他东方民族的箴言。

阿拔斯朝著名的诗人艾布·泰马姆曾在一首赞美哈桑·本·瓦希布的诗中对伊本·穆加发的语言修辞水平大加赞赏：

像盖斯在欧卡兹演讲那般慷慨激昂，
像莱拉吟诗凭吊亡灵那般哀伤悲怆。
像亲友离别时节话语不绝互诉衷肠，
像穆加发《珠玑》论道，辩才无双。

伊本·穆加发是一位思想家、教育家和社会改革家，他毕生致力于社会改良与道德改良，并为之献出了自己的生命。

他同时也是一位散文学家，他首开阿拉伯

语散文写作与翻译之先河，为阿拉伯语散文艺术奠定了基础，并将其提高到很高的艺术境界，被后世阿拉伯文学家奉为典范。

伊本·穆加发的作品具有独特的风格，这便是用词简练却意境深远，语句朴实无华却令人难以企及。他倡导在写作中摒弃那些冷僻和含义枯燥的词汇，他认为：'为追求修辞效果而使用冷僻的词汇乃是最大的败笔。"

从其作品中我们可以欣赏到修辞学的至高境界，体会到有条不紊的逻辑思维，感受到哲理名言的无穷魅力。

三、伊本·穆加发的信仰与人品

中国有句箴言："木秀于林，风必摧之；堆出于岸，流必湍之；行高于众，众必非之。"伊本·穆加发的人生遭遇恰恰验证了这句箴言。

在阿拉伯民族主导的帝国内，异族出身的伊本·穆加发年纪轻轻便成就非凡、声名显赫，自然引发同行嫉妒，招致政敌抹黑。

由于伊本·穆加发祖籍波斯，自幼信奉拜火教，成人后才皈依伊斯兰教，所以其政敌与嫉妒者便诬其“离经叛道”，言行有违伊斯兰教的教规教律。

他们提出的证据便是伊本·穆加发在巴士拉经常与著名诗人拜沙尔·本·布尔德等一帮被称为“离经叛道”的文人墨客酗酒，殊不知当时伊拉克的律法学家允许少量饮用葡萄酒。[①]而伊本·穆加发则正像他自己诗中所言：

葡萄美酒饮三杯，恰到好处便停杯。
微醺不醉不失态，不去行恶不为罪。

由于他曾当众嘲讽埃米尔苏富扬的长相和学识，被政敌诬陷为“蔑视”阿拉伯族领导人，甚至夸大其词，诬陷他看不起所有阿拉伯人。

而实际上，伊本·穆加发不仅在其作品中从来不曾蔑视阿拉伯人，也从未在日常言行中对阿拉伯人和阿拉伯民族领导人表现出丝毫不恭。相反，他曾在书中赞扬阿拉伯民族“由原来的默默无闻发展到引领世界”。据史料记载，

---

① 侯赛因·阿里·朱玛：《站在两大文明之间的伊本·穆加发》，原载《我们的文化》季刊第二期第一卷，2004年，第100页。

他当众嘲讽埃米尔苏富扬乃是其一生之中唯一的例外，且事出有因。[1]

伊本·穆加发生性耿直，书生气十足。遇见不平之事，往往直抒胸臆，更兼其文笔犀利，针砭时弊，不畏权贵，乃至得罪了最高统治者，最后以“伪信罪”惨遭杀害。

他对上自宫廷下至整个官僚体制表现出来的暴虐和腐败深恶痛绝，面对同为书记官的挚友阿卜杜·哈米德从其住处被抓走然后处死，更是痛心疾首。

从他编译自波斯文的寓言故事集《卡里来和笛木乃》，到此后的《大礼集与小礼集》以及《近臣书》，均涉及朝政体制、治国理政以及帝王应具备的道德品行等相关内容，无异于戳到了最高统治者的痛处，而其最后一部著作《论诚信》则将其最终送上了断头台。因为在宫廷和哈里发看来，他的这些作品具有含沙射影地妄议朝政之嫌。对于这种“大不敬”的狂妄之徒，宫廷必欲除之而后快，至于以何名目除之，则“欲加之罪，何患无辞”。

① 侯赛因·阿里·朱玛：《站在两大文明之间的伊本·穆加发》，原载《我们的文化》季刊第二期第一卷，2004年，第104页。

伊本·穆加发为人豪爽，颇具侠义之风。他倡导“当为朋友献出你的鲜血和财富”，并且自己率先垂范。

伊本·穆加发的挚友阿卜杜·哈米德得罪权贵，受到官府通缉，遂躲藏到伊本·穆加发家中避难。当官府派兵来其家中捉拿，询问谁是阿卜杜·哈米德时，两人同时回答自己便是。阿卜杜·哈米德赶忙向差人说明自己的长相特征，随之被抓走处死。

由此可见伊本·穆加发一如他自己所倡导的那样，随时准备为朋友献出自己的鲜血与生命。

伊本·穆加发乐善好施，仗义疏财。史料记载，曾在很长一段时间里，他用自己的润笔费每月资助库法和巴士拉的学者500到2000第纳尔不等。至于他对穷苦人的施舍与帮助，则更是习以为常。

他一生倡导改良社会，改良道德，并认为社会改良需从每个人做起。

他的著述足以证明他一生坚持不懈追求的目标：社会改良、道德改良和政治改良。

大礼集

第一论

前人功德

我们发现，前人比我们身材魁梧。因此比我们更富智慧和力量，对事情的把握比我们更加缜密，较之我们寿命更长，对世事的判断比我们更为准确。

从前的教士对宗教功课的认知和践行，皆超过我们时代的教士。从前的世俗者在口才和品行方面，皆胜今人。

他们并未满足于天生的优势，而是想方设法地让我们这些后人分享他们关于今生与来世的知识。他们运用这些知识撰写了许多不朽的典籍，列举了寓意丰富的典故，使我们得以坐享其成，免受亲力亲为之劳和苦思冥想之苦。

他们对知识重视的程度由此可见一斑：若某人突发灵感，或偶得一佳句，却又身处荒无人烟的旷野或沙漠之中，便会将自己所感所悟镌刻在石头上，生怕大限突然来临而失去传述后人的机会。

他们当时的所作所为，酷似慈父对待爱子。慈爱无边的父亲为其子女积攒钱财和家产，以免子女日后生计无着，承受创业之艰辛。

我们当世的学者追求学问的至高境界，不过是从前人的知识中汲取营养而已，我们同代的慈善家行善的终极目标，莫过于效仿前人的善行罢了。

我们的论道者所谈论的最精彩的话题，皆源于前人撰写的书籍。他们仿佛是在同前人对话，倾听前人的高论，追随前人的后尘。

我们在前人书中所见到的内容，乃是源自他们思想的选粹和言论的撷华。

我们不曾发现前人留下任何空白，乃至于能有哪位口才卓绝的后人道出任何前人未曾说过的名言佳句。无论是赞颂至尊至贵的真主，激励人们向主祈求，还是蔑视尘世，不屑世间的诸般浮华，也无论是在编纂各类学说，将其分门别类，阐述其路径，说明其根源，还是在知识的某个门类或者道德的某个方面，皆是如此。

因为在他们之后，事无巨细，题无大小，后人再没有任何可以谈论发挥的余地。

不过，由他们的大智大慧和至理名言中衍生出来的趣事笑谈尚存一些空白，留给了稍具小智小慧的后人。我在本书撰写的这些关于礼仪的章节，便属于这样的微末小题。

第二论

劝人求索

求知者啊，倘若你想掌握某种学问，一定要清楚其基本原理和分科细目。许多人舍本逐末，学习了分科细目而舍弃了基本原理，因此他们获取的知识并非完整。只要掌握了基本原理，便不用再学习分科细目。若在掌握了基本原理之后又掌握了分科细目，便是达到了学问的上乘境界。

宗教信仰的基本原理，乃是笃信正道，避免罪孽，遵循教规，履行义务。对此当须臾不离地恪守始终。谁若能够明白，背离这些宗旨便会万劫不复的道理，并在此基础上升华到宗教与信仰的学者行列，便是达到了功德圆满的上乘境界。

修身养性的基本原理，乃是不可暴食、暴饮和房事过频，使身体负担过重，而应当适可而止。倘若能够明白饮食和房事对身体的各种利弊，并善加取舍，便是达到了修身养性的上乘境界。

勇敢和无畏的基本原理，乃是不可在战友们冲锋陷阵时，自己临阵脱逃。倘若能够做到胆大心细，冲锋在前，退却在后，便是达到了勇敢的上乘境界。

慷慨的基本原理，乃是对应该得到恩惠的人毫不吝惜，倘若能够增加他们受益的幅度，并惠及那些不该得到恩惠的人，便是达到了慷慨的上乘境界。

言谈的基本原理，乃是三缄其口，以免言多语失。倘若能够道出至理名言，便是达到了言谈的上乘境界。

生活的基本原理，乃是对合法的东西不懈追求，对收入和支出精打细算。即使生活富裕，亦不可忘乎所以。世上身份地位最显赫之人，乃是最需要精打细算之人。与普通百姓相比，帝王更需要精打细算。因为百姓或许不用金钱便可生活，而帝王没有金钱便无法支撑江山。倘若在追求的过程中能够保持心平气和的超然态度，同时对追求目标的方方面面皆了然于心，便是达到了生活的上乘境界。

关于善行与恶习，我想奉劝诸君：如果你曾经岁月沧桑，即使不曾有人告诉过你，你亦会明辨善行与恶习。但我还是想冒昧地进一言：在习惯于内心的邪恶之前，当首先习惯于内心的良善。因为人在年轻时，邪恶往往不请自来，从而掌控人的品性，使其养成陋习且习非成是。须知，摒弃陋习需要承受超常的重负与艰难的磨砺。

上篇　为君之礼

第三论

在其位者当谋其政

若不幸被权力所累，当求助于学者。

须知，人若受权力所累，却想减少工作和劳累的时间，增加享受、休闲、吃喝玩乐及睡眠的时间，此乃异想天开。

正确的观点和应持的态度，是要从各种牵涉精力的琐事中为工作挤出时间，即应该从吃饭、睡眠、聊天、娱乐以及男欢女爱中挤出时间投入工作。

享乐只可在工作之余的闲暇之时。

倘若你执掌某种权力，便会成为下述两种人之一：

要么热衷权力，竭力维护权力，生怕失去权力；要么厌恶权力，掌管权力乃是不得已而为之。厌恶权力者执掌权力，不啻在服劳役：若是其上有帝王，便是在为帝王服劳役；若是其身为帝王，则他们是在为至高无上的主服劳役。

你要明白这样一个事理：为帝王服劳役者消极怠工，

玩忽职守，便会被帝王诛灭。劝君切莫惹祸上身，自取灭亡。

假如你身居官位，切莫陶醉于阿谀奉承和自吹自擂，亦不可让别人知道你有这种喜好。因为这个弱点一旦被人所知，便会成为他们向你进攻的突破口、征服你的方便之门，从而使你成为人们非议的目标和嘲讽的对象。

须知，对别人的阿谀奉承泰然接受，无异于自吹自擂。君子须将喜欢奉承转化为拒绝奉承。拒绝奉承者受人称道，接受奉承者招人诟病。

第四论

从政之道，当求上下皆大欢心

从政者须具备三种品行：首先要让你的主满意。其次若你身为臣子，要让你的君王满意。再者要让你属下中的好人满意。

在名利方面，不妨超然一些，自然会有足够你受用的功名利禄找上门来。

要将上述三种品行作为座右铭，放在不可或缺的位置，而将名利放在可有可无的位置。

第五论

结交怀德之人，求教有道之人

须知，德者通常存于宗教人士中间；君子通常存于每条街巷、每个村庄、每个部落的人群中间。要让这些德者与君子成为你的左膀右臂、至交兄弟、知心朋友、心腹之人和莫逆之交。莫担心主动向人请教会显得自己有失身份，因为你不是要拿别人的见解去炫耀，而是要从中受益。若想流芳百世，古今德者与智者流芳于世的最佳方式便是让人们这样称道：某某人乃谦谦君子，凡事向智者求教，从不刚愎自用、独断专行。

第六论

让人人满意乃是无法企及的目标

倘若你想让人人满意，便是在追求永远不可企及的目标。

如何能使各持己见的众人意见统一呢？有何必要让暴戾恣睢者满意呢？又有何必要让冥顽不灵、愚昧无知的人满意呢？应该顾及的只是人们之中的好人与智者是否满意。你何时能够这样去做，便是卸下了重负。

第七论

御下之道，当恩威并用

不可容许自己的亲信恃宠作祟，亦不可容许别人对他们攻讦与诽谤。

要让人们熟知从你这里获益的大门，也要让他们清楚对你敬畏的大门。

须对自己下属的所作所为明察秋毫。这样，作恶之人在你的惩罚落到头上之前，便会心生畏惧；行善之人则在你的恩惠泽及其身之前，便会心生愉悦。

要让人们清楚你的行事风格：不必立竿见影地酬人以善，亦不必立竿见影地惩人以恶。这样引而不发，便可延长畏惧者的恐惧和欢乐者的愉悦。

第八论

为官者当广开言路，从谏如流

要让自己养成习惯，对犯颜直谏者大度包容，泰然承受他们的苦口良言和辛辣责备。但这种宽宏的胸襟只可对智者、长者和君子敞开，以免邪气盛行，使小人胆大妄为，令仇家肆无忌惮。

第九论

君王治国，当抓大放小

切莫置大事于不顾，从而使自己的地位变得无足轻重；亦不可终日忙于琐碎小事，从而错失大事要事。

须知，你的钱财无法使天下百姓都变成富翁，所以只可将其赠予贫苦之人；你的威仪无法承载普天之下芸芸众生，所以只可将其用于有德之士；你的内心无法容纳天下万物，所以只可容纳天下大事；即使你昼夜不眠不休，也无法料理万事。你无法不顾身体夜以继日地工作，而只能在工作与休闲之间善作安排。

须知，假如小事占据你的大脑，便会使你无暇顾及大事；假如钱财花费不当，便会在你需要时发现钱财已不敷使用；假如你为无德之人损耗自己的威仪，当你欲用其襄助有德之士时，便会发现自己爱莫能助；假如你昼夜忙于琐碎小事，便会发现自己已经没有精力和时间料理大事和要事。

第十论

为君者当戒大喜大怒

世上有许多人在盛怒之下便会迁怒于人，对不曾招惹他的人蹙眉瞪眼，对毫无过错者恶语相向，对不该惩罚的人给予惩罚，对本该从轻发落的人施以严惩。而当他兴高采烈时，便会对不堪重用的人委以重任，对不该施予的人慷慨馈赠，对毫无交情亦毫无资格受到款待的人盛情款待。

对此须万分警惕，切勿掉以轻心！世上如此作为的人中尤以当权者为甚，他们盛怒时节怒不可遏，随意惩罚并未招惹自己之人；高兴时节忘乎所以，草率赐予未立寸功之人。以理智不清或者神经错乱形容这种人，实乃恰如其分。

第十一论

神权、威权与王权

权力分为三种：源于宗教的神权，源于力量的威权和随心所欲的王权。

宗教的神权，乃是通过为民众创建某种宗教，赋予民众应得的权益，同时规定民众应尽的义务，从而使大众百姓心情愉悦，也使其中的愤愤不平者心悦诚服。

由力量支撑的威权则以强力统治天下，虽不乏有人攻讦和抱怨，但在强者的力量面前，弱者的攻讦显得不堪一击。

至于随心所欲的王权，则是嬉戏一时，毁灭一世。

第十二论

身为君王，当忧心社稷根基

假如你初登大宝，发现大臣们兢兢业业，不计酬劳。某件事情不需商议便顺利开展，某项工作未费周折便圆满完成。满朝同心，诸事顺遂。谨记，切莫被假象迷惑，亦不可奢求这种状况会持之恒久。皆因新生事物往往会使一些人心生恐惧，而使另一些人心生惬意。于是一些人便会有所收敛，另一些人则会躬身自省。但这种状况不会持续太久，事情很快便会回到其本质和根源中去。

任何事物，若非建立在牢固的基础和稳固的支柱之上，很快便会轰然坍塌，分崩离析。

为人在世，不可闷声不语，不尚往来；亦不可得意忘形，忘乎所以。皆因前者出于孤傲，后者源于低俗。

第十三论

君王用人，当以德操为先

若你用于掌管国事、统军御敌之人，在信仰、操守和价值观等方面皆不可靠，则不必多费周章。首先当按照自己的意愿，改造他们的操守和价值观。若无法改造，便应将他们悉数撤换，改用那些操守和价值观可资信赖之人。

切莫鬼迷心窍，以为自己能够借助他们去对付别人。若是那样，你便无异于骑在狮子背上的人，别人见到他会心生畏惧，而其本人则对于自己所驾驭的坐骑更加恐惧。

第十四论

为君者五忌

为君者不可发怒，因为他可以随心所欲，令行禁止，心想事成。

为君者不可撒谎，因为无人能够强迫君王做其不愿做的事情。

为君者不可吝啬，因为世人之中君王最不用担心自己贫穷。

为君者不可怀恨，因为其崇高地位不屑于同任何人争雄。

为君者不可动辄发誓，盖因信仰至诚之人当属君王。

被迫起誓之人，大抵源于下述原因：

要么极度自卑，借发誓取信于人。

要么笨嘴拙舌，借发誓充实和衔接话语。

要么自知所言受人猜疑，借发誓以为掩饰。

要么信口胡说，言之无理无据，借发誓以表其诚。

第十五论

君王当行大事，不拘小节

君王只要亲理大事，掌控要事，而将次要的事情委托给富有才干的臣下料理，则其生活奢华、玩乐享受便无可厚非了。

第十六论

君王当扪心自问，躬身反省

每个人评判别人的事情时，首先应该对自己的观点提出质疑，在自己的内心反躬自问。皆因自己的观点与内心往往会粉饰暴虐，怂恿谬误，丑化美好，美化丑陋。

而最应该质疑自己观点和反躬自问的人乃是君王，因为其内心滋生的谬误会伴随着幕僚和臣下的溢美之词不断生长。

最应该使自己观点和言行公正的人乃是君王，皆因其所言所行乃属令行禁止，不可违逆。

须知，人们往往以轻诺寡信与薄情寡义形容君王，所以君王当努力颠覆这种观点，亦使自己及其他王者摆脱人们所描绘的这些不良形象。

第十七论

为君者当体恤臣民

凡涉及百姓之事，无论巨细，君王均应予以关注。皆因小事有小事的益处，大事有大事不可或缺的重要性。

君王在体察民情时，应关注本分好人与正人君子的贫困与需求，并尽力予以帮助，亦当明察地痞流氓的霸道行径并予以镇压。对挨饿的君子与饱腹的小人万万不可掉以轻心。皆因君子一旦饿极便会造反，小人一旦吃饱便会无法无天。

第十八论

君王当遵循的处世之道

藩王可对其他藩王的治国方略由衷佩服，却不可对其心生嫉妒。

同时，身为王者，不应嫉妒下属。人们通常会嫉妒比自己境遇好的人，而与平民百姓相比，贵为王者最无理由嫉妒别人。当然，所有嫉妒者皆无道理。

若一贯勤勉事君的下属偶有失误，为君者不可对其严厉责备，而应该和颜悦色、循循善诱地予以引导和指正。因为具有独到见解且恪尽职守的下属殊为难得。

为人不嫉妒，对下不苛责。这两种品性若集于大臣或幕僚，则君王大可省心省力、高枕无忧。因为他们为君王减轻了许多负担，使君王免受琐事烦扰。凡事君王不必亲力亲为，自会有人代为料理。遇到要事，即使君王疏忽，亦会有人料理妥当。

身为君王，对人们所言应尽量往好处去想，而不应净往坏处去想。这样方能令自己心境舒畅，从容理政。

身为君王，大到治国理政，小到说话做事、馈赠他人，均当不失稳重。

后悔于沉默胜过后悔于说话，先拒绝后施予胜过先施予后拒绝。行事之前深思熟虑，胜过仓促开始随后放弃。

世人处世皆需要稳重，但最需要稳重的人乃是君王，皆因君王之言行既无人敢于劝阻，亦无人敢于敦促。

第十九论

君王当弘扬忠、义、信，抑止恶、邪、俗

君王须知，除去无足轻重的人之外，人们皆是遵循其旨意行事。因此，君王当弘扬宗教信仰、忠孝之道与侠义之风，使淫乱与低俗在普天之下没有市场。

第二十论

君王必备的治国谋略

君王治国只需两种谋略，这便是威权与粉饰。以威权强化其统治；以粉饰美化其形象。

威权乃是二者之中最应该和最优先考量的谋略；

粉饰乃是二者之中最美好和拥戴者最多的谋略。

尽管威权源于粉饰，粉饰源于威权，但凡事都要究其主因，溯其本源。

中篇　为臣之礼

第二十一论

伴君之道

倘若你不幸要伴随君王，便要学会忍辱负重，且要持之以恒。切不可口出怨言，亦不可自以为与君王熟络而产生半点疏忽与懈怠。

倘若君王视你为兄弟，你当视其为父亲。若君王对你愈加亲近，你当对其愈加恭顺。

倘若你在某位有权或有势的人身边位居客卿，在你们之间尚未深交，亦未坦诚相待之前，切莫以为其权势或地位会给你带来威严与荣耀，而应当如初识者那样对其温良恭顺、毕恭毕敬；切莫以先前对其品德的认知来判断你们之间的关系，须知君王的品德会发生变化。我们或许会发现，某人因与君王有旧交恃宠而骄，最终却为旧交所害。

除非出于某种亲友之谊，否则应尽量不去伴随君王。若对此误判，便如同去服徭役。

如果可能，尽量选择去伴随在其手执权柄之前便对你的人品、德操和处事风格了如指掌并欣赏有加的人。

君王对人们的真正了解只限于其上位之前。而在其上位之后，所有人皆会对其阿谀奉承、曲意逢迎，挖空心思颂扬其本身并不具备的美德，从而蒙蔽其双眼。须知，卑鄙小人和市井无赖最善花言巧语，并乐此不疲，他们极尽阿谀奉承之能事，却别有用心，另有所图。

即使君王独具慧眼，明察秋毫，亦无法避免以善良面目出现的邪恶之辈、以忠臣面目出现的奸佞小人和以诚信面目出现的背信弃义之徒聚集在其身边，而那些不善阿谀奉承与溜须拍马并以此自律的众多有德之士，却往往被埋没。

第二十二论

近臣不可对君王阿谀奉承

倘若你确信自己业已成为君王的心腹亲信，对其便应杜绝阿谀奉承，亦不须言必为其祈祷祝福。因为那样你们之间便形同陌路，显得生分和见外。但在大庭广众面前，仍须毫不吝啬地表达对君王的尊崇与赞美。

第二十三论

莫让君王误会你凭个人好恶行事

莫让君王知悉你偏爱某一地区或某一部落，否则很快便会招致谣传或举报，令你受到指控。

若想自己所言被人接受，首先须矫正自己的观点，使之不带丝毫个人好恶。正确的观点，即使是敌人也会接受；而带有个人好恶的偏颇之言，即使是儿子和朋友也会拒绝。

最容易猜疑你将正确观点与个人好恶混淆在一起的人乃是君王，所以务须格外当心。因为在君王看来，个人好恶乃是欺君罔上、离经叛道、心存谋逆。

第二十四论

臣下当规劝君王关注百姓福祉

倘若你不幸陪伴一位不思百姓福祉的君王，便会面临两种无可奈何的选择：要么站在君王一边，与其联手对付百姓，此乃宗教信仰的灭顶之灾；要么站在百姓一边，与之联手对付君王，此乃尘世的灭顶之灾。你最终的结局只能是等死或者逃匿。

须知，倘若君王的品行难以令人恭维，而你又与他牵扯在一起，那你面前便只有两种选择：要么竭力维护他，要么择机离开他。

要对君王的道德品行与思想观念了然于心，分清其中哪些令你欣赏，哪些令你不满。而后，切不可用针锋相对的方式，试图按照你的好恶去改变君王的好恶。须知，改变一个人乃是一项艰难的驯化过程，很容易导致双方的疏远与仇隙。

即使一个并非权势滔天、恣意妄为的人，你也很难用针锋相对的方式改变其天生秉性。但你可以通过支持其正确的观点，帮助其纠偏和完善，增强其付诸实施的信心。其自身优点愈加增强，则其自身缺点便将愈加微不足道。如果他在某个方面的优点得以稳固，则足可令其发现自身的谬误之处。这对其内心而言，远比你指出其错误更易接受，亦比你的评判更为公正。因为正确的观点相辅相成，遥相呼应，优良的道德根基，自会将谬误根除，直至当事者的诸般事务可以通过其自我评判来权衡把握，进而日臻完善。

此章当谨记在心，好生把握。

第二十五论

臣下有事求于君王，切忌反复催问

有事求于君王，不可三番五次地催问。即使君王有些拖延，亦不可抱怨。要给予其充裕的时间，然后耐心等待。若是你应得的权益，则不用刻意追求便会自然而至。即使你并未抱怨君王行事拖拉，他亦会尽快办理。

第二十六论

臣下不可恃宠而骄

莫对君王直言其对你有何亏欠，而你对此心存芥蒂，耿耿于怀。若能令其不忘你的权益和内心煎熬，而又不至于引起其内心不快，不妨那样去做。要通过自己经常不断的忠言和一以贯之的勤勉提醒君王，让其每当看到你的勤勉，便会想起你的忠心，感受到你内心的煎熬。

须知，如果后一个人来到君王身边，君王很快便会忘记之前的那个人。而被他忘记的许多人已经与他亲情断绝、友情泯灭。君王眼中只有此时此刻取代了他们的人。

第二十七论

为臣者切忌对君王心存抱怨或不恭

切忌对君王心存抱怨或心怀不敬。

若你是宽厚之人，则内心所想必会形于脸上；若你是刻薄之人，则内心所想必会现于口舌。

即使你只不过将自己所思所想当着最可靠的人表现在脸上，也无法保证他不会将此禀告君王。

因为人们往往会迫不及待地将朋友的缺点及隐私向君王禀告，一旦他将你对君王的不敬之心密报君王，君王马上便会对你心生厌恶，继而将你过去的全部功劳一律抹杀，令你处于濒死之地。此时你便会察觉大势已去，再得君王宠信与欢心难于登天。

假如你愿意，可以识趣告退，这样或可得到君王的好感，拉近与君王的距离。

第二十八论

身为宰相，当以平和的心态防范政敌

须知，芸芸众生之中，一人之下万人之上的宰相最易被政敌环伺，遭人攻讦，为谗言所伤。皆因其地位与君王的地位一样遭人嫉妒，受人觊觎，而人们往往敢于对其发难而不敢对君王发难。其嫉妒者中不乏皇亲国戚和君王亲信，他们不像君王的那些宿敌那样要么远在天涯，要么躲在阴暗角落，而是与宰相近在咫尺，同殿为臣，品级相当，可与他公开摊牌，每日每夜都图谋将其扳倒，每时每刻都处心积虑地对其设计陷害。

须对此了然于心，在公开和私下场合，都要在你那些政敌面前披上为人正派、心胸坦荡、从善如流的外衣，还要表现得和颜悦色、心平气和，仿佛自己从来就没有政敌和嫉妒者一般。

若有人当面或背后在君王面前参奏你，君王和其他人不会因此便对你产生误解，亦不会对你动怒或恼火。

切莫让这些诋毁扰得自己烦躁不安，因为若是那样，你做的许多事情便会令人生疑，从而使人联想到别人参奏你的内容。若情势迫使你不得不出面答复，切记在答复之中不可含有愤怒或报复的情绪，而应以宽容、郑重的态度有理有据地答复。莫怀疑实力与胜利永远属于宽宏大量者。

第二十九论

为臣者当言语谨慎

在君王面前说话务须谨慎，要么三缄其口，要么答其所问。切不可当着君王妄议与己无关或未允自己谈论的话题。

莫将君王的责骂当作责骂，亦莫将其愤怒当作愤怒。皆因权位的尊贵之风可能会为舌头覆上粗暴的脾性，使其无端发火，无故生怒。

第三十论

远离君王猜忌之人，直至其悔过自新

对君王所怨恨、怀疑之人，当远远避之。不可与之相聚，或与之相邻。不可为其做任何辩白，亦不可在任何人面前为其扬善。

若发现其在君王原来不满的方面已经幡然悔改，达到足以软化君王之心的程度，同时确认君王相信你与他保持着距离，也曾当众对其严厉斥责，这时方可在君王面前为其辩白开脱，以温和的语气劝说君王对其宽恕。

第三十一论

为臣者当对君王唯命是从，但不可有违信仰与正义

要让君王明白，你在其身边服侍，始终尽心竭力，不曾丝毫懈怠。还要在君王心境愉快时，不失时机地向其进言，劝其放弃那些令虔诚者、正派人、智者和君子所不齿的行为，诸如刑罚、杀戮等。

若你得到君王宠信，切莫因此殊遇而丝毫改变对皇亲国戚和朝中大臣的态度，亦不可对他们有丝毫轻慢。因为你不晓得自己何时会遭遇君王哪怕微不足道的疏远，或不值一提的态度变化，你便要因为这微不足道的疏远与变化而向他们俯首折腰。

这种变化之中，便隐含着屈辱。

若想自己处事滴水不漏，便不可与任何人窃窃私语，亦不可将自己对君王隐瞒或公开的任何事情交头接耳地告诉任何人。因为在任何目睹此事的上司或别人看来，窃窃私语都是针对他们，从而会使他们感到如芒在背、如刺在心，遂对你心生怨恨与戒心。

第三十二论

为臣者不可言谎，亦不可揽功推过

切记，与君王或其他人开玩笑时不可撒谎。因为谎言会颠覆事实真相，亦会降低你话语的可信度。

一些大臣和高官常有揽功推过的恶习：当其朋友取得某项成就或道出某项智谋，他便会大言不惭地声称自己在其中发挥了某种作用，曾经给予对方某种指导等，从而将功劳揽到自己头上，若为此受到别人赞美，他还会毫无愧色地受用。

在你与君王之间，你与友人之间，当杜绝这种行为。可主动对众人宣传你朋友智慧出众、智谋超人，将那高超的智谋归功于他，借此美化朋友。此外，还可明确告知朋友，你笃信那高超的智谋源自他。

通过这种方式，你的所得会远远大于所失。

第三十三论

为臣者不可抢话，亦不可越俎代庖

若君王向别人问话，切莫抢过话头代替别人回答。因为抢着答话既显得你为人有失庄重，又显得你对发问者与被问者大为不敬。

若发问者质问你："我问别人与你何干？"抑或被问者在再次被人问话时对你说："请你先回答吧。"你将情何以堪？

若问话者不是面向具体某人，而是面向所有在场者，亦不可抢先发言，更不可言语伤人。因为那样便是同时犯了两个忌讳：既有失庄重，又显得做作。若你抢先发言，你的观点便会成为众矢之的，他们会对其吹毛求疵，进而展开诋毁和攻击。若你没有急于发言，而是先让众人发表观点，便可将他们的观点逐一推敲，分析比较，从中吸收长处，摒弃谬误，通过反复琢磨，梳理自己将要发表的观点。待众人平静下来恭听你的发言时，便可从容地点评众人的观点。

若你谈不出新的观点，可对别人的观点表示赞同。或者还没轮到你发言时话题就断了，自己失去发言机会，那也并非你的过错，亦非你内心作祟所致。

谨言慎语远胜过言语不当，一句恰当之语远胜过一百句不当之言。而且未经深思熟虑的急切之言、不分轻重的信口之语，往往言语失当，亦不中听。尽管说话者窃以为自己所言恰到好处、滴水不漏。

对待人之所言与未言，当以豁达的胸怀待之；对待人之所行与未行，当以不卑不亢的态度处之；对待诸多的真知灼见，当以慷慨大度的心胸纳之，以免产生矛盾，或在匆忙之中口不择言，遭人嫉妒，引起争执。

第三十四论

为臣者当习聆听之礼

如果君王对你说话，须全神贯注、聚精会神地洗耳恭听。切不可左顾右盼、东张西望；亦不可一身两役，边听边忙其他工作；更不可一心二用，边听边在心中盘算。

这些小节须时刻警惕，时时诫勉。

第三十五论

大臣当与同僚和睦相处

身为大臣，当与同僚以及君王的亲友和睦相处。视他们为兄弟，而非敌人。不可与他们在君王面前言语争宠，亦不可与他们争抢君王吩咐他们去做的事情。

这样，你便会成为下述两种人中的一种：

要么你拥有别人所不具备的某种优势，一旦表现出来，便会受人赏识，派上用场，而你也将从容地如愿以偿。

要么你并不拥有这种优势，但你通过接触与交好同朝大臣，通过赞同他们的观点并对他们以礼相待，换取他们赞同你的见解并对你以礼相待，从而达成目的，这样远胜过与他们犯颜相争或分庭抗礼。

即使确信自己在同僚中深孚众望，他们对你的高超见解心悦诚服，亦不可在君王面前唐突与他们争执。我们常见到众人对某人心悦诚服，心甘情愿地追随其后，声称以其为楷模，但这样的人却又往往自视甚高。当着君王，他们不会承认任何人优于自己，既不认可那位楷模见地高超，亦不认可其人学识超群，他们敢于当着君王之面与他犯颜争执，甚至对他无理攻讦。

若他与那些人针锋相对地争执起来，便是将自己降格到他们那样的档次。须知，并非每时每地都能遇到明白事理的听众，或公正的法官。

若放弃与他们争执，便只能接受自己观点被人批驳、言语受人奚落的结局。

第三十六论

虽为近臣，疏不间亲

假如你因为某种才干，或由于君王某种偏爱而得到君王赏识，切不可妄生贪念，去离间君王与其先前心腹和密友的关系，企图将他们从君王心目中统统根除，以独享君王宠信。此乃心胸狭隘者的一种品性，原本宽宏大量的人一旦接近君王，便可能会受此蛊惑，以为自己完美无缺，而别人都有这样或那样的缺陷，从而妄想凌驾于君王的亲友和子嗣之上。

每位君王或领袖皆有自己的心腹和密友，他们熟知其脾气秉性，洞悉其所思所想。他在心腹与密友面前，不必装腔作势，无须矫揉造作。降低身份而无须忌讳，不耻下问而不觉难堪，袒露心胸而不存戒心。除去郁闷和艰难时节，那种相知有素、相濡以沫的真挚情分均是发自双方内心。

假如有人与新交的朋友也能够做到这种惺惺相惜、相濡以沫、推心置腹，那么即使这位新交的朋友智谋过人、学识渊博，也不如才识虽稍显逊色，却与其长相厮守，已然融入其内心的密友能够使其受益良多。

相濡以沫乃是心灵的慰藉，而孤独则是心灵的惶惑。唯有与心灵相吻合的事物才会牵挂于心。放弃心灵慰藉而接纳心灵孤独，便是自寻烦恼。

如若你苛求自己达到我所描绘的那种高位，务须认清君王心腹和密友所具有的优势，杜绝自己的这种念头。如若你自己内心甚或可能是正派君子告诉你，相比君王那些心腹和密友，你更有资格受到君王重用，这时务须铭记：君王之所以会对其心腹、密友和至爱亲朋格外恩宠，赋予他们高位，对他们言听计从，乃是因为君王能够从他们那里得到从别人那里无法得到的慰藉。所以，他们得此殊荣，确属受之无愧，天经地义。

要让这种观点成为你自保周全以及体察君王苦衷与观点的法宝。

同情同理，假如有人想插入你与至亲好友之间，从而凌驾于他们之上，你的感觉亦会相同。

须知，几乎每人都有不断讲述的同一话题：要么是某地的趣事逸闻，要么是某门学问，或某类人，或某种观点。当他对此津津乐道并乐此不疲时，其平庸便会暴露无遗，其偏爱便会昭然若揭。须在任何场合避免此种毛病，在君王面前尤为如此。

第三十七论

对君王的谬误当默不作声

倘若你对君王的某种观点看不惯，切不可向其他大臣和幕僚抱怨。因为如此，便不啻点拨他们更加投君王所好，或怂恿他们去粉饰君王的观点以邀功争宠，促使他们站在君王一边，与你针锋相对。

须知，在君王和权贵们面前具有身份和地位的人，往往会发现君王在看待人或事情上与自己的观点截然不同。如果凡遇君王与自己的观点相左便表示不满，很快便会陷入怒火攻心的难堪境地：被君王疏远，受同僚排挤，做事阻碍重重，观点遭到驳斥。或被迫接近自己不喜欢接近之人，疏远自己不喜欢疏远之人。

如果仇恨在他心中扎下了根，其脸色、观点、言论都会发生变化，甚至当着君王和其他人也会表露无遗。这样，其地位便会岌岌可危，其君子风范便会荡然无存。

当你与君王的观点相左时，当委曲求全，忍辱负重。要认同这样的道理：君王之所以是君王，就是要你遵从其旨意、偏好和命令，而不能迫使君王遵从你的观点和偏好，更不能因其与自己见解相左而气恼。

第三十八论

向君王进谏，当字斟句酌

须知，君王接受臣下有关厉行节俭的谏言，认为此乃臣下对自己的一片忠心，出于对自己的爱戴与敬重，所以他会因此而赞扬他们。但如果君王平素慷慨大方，而你却劝诫他不要大手大脚，便是败坏了其君子风范；反之，如果君王平素节俭，而你却怂恿君王仗义疏财，便可能有损于你在君王心中的地位。

对你来说，正确的做法乃是因势利导、顺势而为。既对君王进谏，而又避免受到指责与非难。注意在劝诫君王不要大手大脚时，不可让其怀疑你含有个人好恶，而要让其明白，你做这一切，皆为美化君王形象，对君王有益无害。舍此之外，别无他求。

第三十九论

伴君者当处处维护君王

伴随君王，须经过一番心理历练，使内心习惯于无论自己愿意与否，凡事皆当唯君王之命是从；无论自己是否违心，凡事皆须遵从君王旨意，以君王的好恶标准而非自己的好恶标准评判是非。

同时，不可向君王隐瞒自己的秘密，亦不可打探君王对你所隐瞒的秘密。须将君王告诉你的事情对所有人一律保密，以自保无虞。

侍奉君王当尽心竭力，照顾君王当体贴备至。对其托辞理由当言之凿凿地予以旁证，对其所言当毋庸置疑地确认，对其观点当千方百计地美化。

如果君王行恶，切记少记其丑；若君王行善，切不可将其功据为己有。应当尽扬其善，尽隐其恶。要亲近君王所亲近之人，即使他们原本是外人也罢；要疏远君王所疏远之人，即使他们原本是近亲也罢。

对于君王的私事，如果君王未予关注，你当悉心关注；如果君王将其丢诸脑后，你须牢记在心；如果君王将其忘记，你当及时提醒。为君王承受负担，以减轻君王重负。兢兢业业，勤勉事君，对君王常怀宽容之心，且不可自鸣得意。

倘若你在君王身边或伴随君王过程中遇到脱身的机会，便应竭尽所能全身而退。

谁若兢兢业业地工作，便会尽享尘世的乐趣和来世的报偿；谁若不尽心尽职地工作，便会承受尘世的耻辱与来世的重负。

第四十论

伴君者如履薄冰

凡事皆对君王坦言相告，难免会令君王厌烦；遇事对君王有所隐瞒，亦难免会受君王惩罚；对君王实话实说，难免招致君王震怒；与君王聊天，难免受到耍笑消遣。终日随身伴驾，不离君王左右，难免会被他们厌烦；对君王敬而远之，难免会受到他们惩罚；若你事事向君王请示，便会给他们增加负担；若你未向君王请示便擅自决定，便难免违逆他们的意愿。君王一旦对你生怒，便会将你置于死地。若君王对你赏识，你便会感到自己无法承受他们的恩宠。

受到君王折磨而能够默默承受，遇到君王笼络而不为之所动，受君王所托而能够忠君之事。这样，你便不啻在向他们传授知识，却要让他们看来你是在向他们学习；你在教育他们知书达理，却仿佛他们在教育你如何做人；你感谢他们却不要他们感谢；你洞悉他们的个人好恶，事事为他们的利益着想；当他们欺负你时，你却要表现得卑躬屈膝；他们给你带来无尽的烦恼，你却要表现得心情舒畅。如果无法做到这些，便要远离他们，对他们百倍提防。

第四十一论

莫陶醉于权力、财富、学识、地位和青春年少

不可陶醉于权力、财富、学识、地位和青春年少，上述种种皆不过是天堂的过眼云烟，只会迷惑理智，剥夺尊严，蒙蔽心智，令其丧失功能。

下篇　为友之礼

第四十二论

与人交往之礼

对朋友当奉献热血与财产；对知己当奉献慷慨与帮衬；对百姓当奉献微笑与怜悯；对敌人当展示公道与公平；在任何人面前，当珍惜自己的宗教与颜面。

第四十三论

不可剽窃别人的观点

倘若从朋友那里听到令你欣赏的话语或观点，切不可将其据为己有，借此在人前美化自己，而应当择要采纳，并将其归功于其原主人。

须知，剽窃行为将会激怒朋友，并带来耻辱与人格堕落。

若你在言谈之中引用别人的观点而不加以说明，而那人恰又在现场听到，则你除去侵犯他人权益之外，还令人觉得寡廉鲜耻。这是人们常见的一种不道德行为。

遇到这种情况，最有道德和礼貌的做法，乃是对剽窃你言论与观点的朋友展现宽容大度，索性顺水推舟，将其所剽窃的统统归功于他，尽你所能为其掩饰。

当你谈论某一话题，而后说到精妙处又戛然而止，来个“且听下回分解”，让人感到似乎你在打开话题之前并未深思熟虑，这显然有违道德。在开始话题之前便应深思熟虑，打开话题却又吞吞吐吐、遮遮掩掩，这是一种无聊和暧昧的行为。

第四十四论

说话要注重场合

要将自己的智慧与观点用在恰当的场合。即使正确的意见和观点，亦非适合所有场合。若是说话不分场合，便会因自己的智慧和言论招致祸端，即使你所表达的意见和观点再好，也既不会闪光，又不会显得文雅。

要让学者们感到，与他们相聚，比起发表言论，你更喜欢聆听。

第四十五论

莫将庄谐混为一体

在谈笑之间，倘若你欲同某位熟人竞相夸耀，须注重保持庄重，而不可使用诙谐的语气，若谈话达到或接近诙谐，便须放弃话题。

莫将庄重掺进诙谐之中，以免大煞风景；亦莫将诙谐掺进庄重之中，以免破坏谈话的意境。

但有一个场合，若你能够用诙谐去应对庄重，不仅恰到好处，还显得高人一筹：当有人对你出言不逊，用无理的态度和粗俗的语言冒犯你时，你却能不卑不亢，面带微笑，用诙谐幽默的语气言之有据地予以驳斥。

第四十六论

不必忧心好友与仇家交往

倘若看到你的同伴与你的仇家聚在一起时，不可为此着恼，因为你的同伴可能会是下述两和人之一：

倘若他是你可资信赖的朋友，那么他对你最有益之处便是处在离你仇家最近的地方，为你抵御邪恶，或为你掩饰某种缺点，或探听别人背后对你的某种非议。至于他为你招来新的朋友，那自是莫大的收获！

倘若他不是你可信赖的朋友，那么你有何权利禁绝他与别人交往，而要求他只与你所喜欢的人交往呢？

在与朋友共处或交谈中，须谨防冒犯朋友。对朋友向你提出的正确意见当心平气和地接受，免得朋友对你冒犯他们习以为常。

第四十七论

对新交的朋友当有所保留

倘若某人怀着友情来到你身边，并且对你不离不弃，从而令你感到心情愉悦，切记不可对其表示无任欢迎，亦不可对其完全敞开心扉。因为人人皆有天生的劣根性，往往想疏远靠近自己的人，而去靠近疏远自己的人。只有以礼保全自己并能够克制自身劣根性者属于例外。

对于存在于自身以及别人身上的这种劣根性须格外鉴戒。

第四十八论

处事当低调，为人不自矜

在自己与同伴遇到的各种问题上，不可常常妄言学问。因为若是那样，你将陷入两种出乖露丑的窘状：要么同伴们会针对你所妄言的所谓学问与你争辩，从而攻讦你愚昧无知和狂妄自大；要么他们不与你争辩，对你的自我标榜听之任之，从而让你亲力亲为，对自己的所谓学问进行验证，这样你的自吹自擂和无能为力便会暴露无遗。

无论公开道出还是隐晦暗示，当着同伴自吹学富五车而讥笑对方愚昧无知，皆为智者所不取。

若你冒犯了有才能的人，便不要再相信他们还会对你以诚相待。

若你确信自己有某种过人之处，不可主动提及或表现出来。须知，以这种形式表露出来，你在人们心目中留下的坏印象将远远甚于好印象。如果你能沉得住气，而不操之过急，它便会从你身上以人们所喜欢的美好形式表露出来。

毋庸讳言，一个人刻意表现自己所长，并在此过程中有失庄重，乃是一种低俗与小家子气的表现。

在这方面，最好的帮手乃是慷慨与大度。

倘若你欲给自己穿上庄重与美好的衣裳，装饰上表示友好的饰物，踏上毫无坎坷的平坦之路，则须大智若愚，即使能言善辩却要默不作声。

学问会为你装饰，为你引路。而不妄言学问可免招嫉妒；能言善辩会使你如愿以偿；缄默不语则会使你赢得友爱与敬重。

若遇到某人正在谈论某个话题或讲述某个消息，而你对此业已知晓，切记不可为了表现自己早已知晓而参与其中，亦不可对此妄加评论。因为那样做乃是轻浮、低俗、无礼和无聊的表现。

假如可能，要让你的朋友和众人明白：你宁可行而不言，而不会言而不行。言过于行是一种耻辱与毛病，而行过于言则是一种美德。

当你向朋友允诺或告诉朋友什么事之前，须在内心留有余地，以防言过于行，免得无法兑现时出现被动与尴尬。其实很少有人不会言过于行。

第四十九论

待仇家以公道，待朋友以和睦

须牢记哲人的话：对待仇家当秉持公道，对待友人当秉持和睦。

因为仇家是对手，要用证据，通过法官裁决战胜他。而友人与你之间并不存在法官，其满意与否便是评判标准。

第五十论

择友务须慎之又慎

与人交友以及与人交往，须在自己内心树立这样的理念：即使朋友身上表现出某些令你讨厌的毛病，你也不可与之绝交。因为朋友并非你随时可释放的奴隶，亦非你随心所欲便可休掉的女人，而是你的颜面与君子风范的体现。倘若人们发现你同某位朋友绝交，即使你理由充足，也会在大多数人心目中留下背信弃义、朝秦暮楚的不良印象。即使你先前曾忍辱负重、委曲求全地与其相处，亦难免引起人们的指责与非议。

故交友与择友，务须慎之再慎，三思后行。

当你欲与某人结交时，若其属于宗教人士，当是一位满腹经纶、学富五车的谦谦君子，既不虚伪，亦不贪婪；若其属于世俗之人，则当是一位堂堂君子，既非蠢人，亦非骗子，更不是臭名昭著、恶名远扬之辈。

对于蠢人，即使其父母亦对其避之唯恐不及，何况外人乎？至于骗子，则永远也不会成为挚友，因为朋友一词源于诚实，而骗子挂在嘴边的谎言乃是其内心谎言的流露。即使嘴上诚实的人，人们还可能怀疑其内心不诚实，何况连嘴上都不诚实的人呢？恶人会为你招来仇人，你不需要那种会给你招来敌意的友情。而臭名昭著之人则会败坏其朋友的名声。

须知，在人们面前自我封闭，会招来敌意；而在人们面前敞开心扉，则会招来恶友。

朋友之恶甚于敌人的仇视。人一旦交上恶友，便会对其恶行无能为力，即使与其绝交，也会背上绝交的恶名，从而永远无法摆脱干系。别人只会借此宣扬你与朋友绝交之恶名，而不会宣扬你与朋友绝交之理由。正可谓：恶名传千里，理由不出门。

第五十一论

对普通人与知心好友，当区别待之

须在人们面前穿上两种外套，这是智者必须穿的外套，否则便无法生活，亦不具君子风范。

一种是离群索居、不近凡人的外套，要在大众面前穿上。这样他们只会看到你性格保守，为人严肃，不苟言笑，处事谨慎，处处戒备。

另一种是敞开心扉、坦诚相见的外套，要在知心好友面前穿上。你与他们坦诚相见，向他们袒露心扉，在你与他们之间抛开小心谨慎的戒备心理。

这个层次的人确属少之又少，皆因处事谨慎者不会轻信于人，只有在经过考验和考察，确信对方为人诚信、一诺千金，方可允许其进入自己的内心世界。

第五十二论

智者当严守自己的舌头

须知，舌头如同一把出鞘之剑，你的理智、愤怒、欲望和愚昧竞相控制它。谁能够控制它，便能够享用它，将其用于自己所好。若是你的理智控制了它，它便会为你所用；若是类似上述的不良情绪控制了它，那它便会为你的敌人所用。

若能够牢牢控制住自己的舌头，凡事守口如瓶，它便只属于你自己，而不会被你的敌人控制或与你共享。当慎行之。

第五十三论

当与朋友患难与共

倘若你的朋友遭遇灾祸，诸如破产或蒙难，这时你便与他同时蒙受了灾祸：要么挺身而出，与朋友有难同当；要么袖手旁观，不顾为友之礼，从而蒙受弃友的恶名。

当类似情况发生时，一定要想好退路，须将君子风范置于诸事之首。

如果朋友罹患你不愿与之同当的大灾大难，也要以礼待之。人们多属无礼之辈，但以礼相待却会为你日后提供回旋的余地。

第五十四论

切莫自恃与权贵有旧而恃宠而骄

如果你的朋友地位升迁，权势日隆，切莫以为这将会增进你们之间的友情，亦不可让朋友觉得你会以往日的友情恃宠而骄。而应当让他感受到随着其地位高升，你对他愈发恭敬与尊崇，而不会再像从前那样，对他不顾情面地直言不讳。

要像从前那样与其友好相处，却不可以过去对其品性的了解去揣度你们之间的任何事情，因为人的品性会伴随权力的变化而变化。我们可能会见到某人因为与君王有旧而恃宠而骄，结果却因此害了自身。

第五十五论

值得的道歉者、求助者与交谈者

除非迫不得已，只可向愿意接受你谦辞的人表示歉意，只可向愿意助你达成心愿的人求助，只可同认为与你交谈受益匪浅的人交谈。

如果有人向你表示歉意，当笑脸相迎，笑逐颜开待之。除非与之绝交利大于弊者，此时则应另当别论。

如果你栽种了善行的幼苗，并为之投入了许多精力，那么就要不遗余力地去培育你所栽种的幼苗。否则，你的前期投入便会付诸东流。

第五十六论

珍惜友情，广交朋友

须知，真诚的朋友是世间最好的财富，他们是顺境时的装饰、逆境时的装备，是今生与来世最佳的帮衬。故不可在与朋友结识、交往以及联络等诸方面掉以轻心或存有丝毫懈怠。

有时你发现自己很希望同某些人结交为友，但在你们之间却存在着某些由威仪组成的障碍，那是一些正派君子才可能具有的威仪，将他们与希望同他们结交的同类隔绝。

若发现他们之中有谁遭遇了厄运，同时确信自己接近他、寻求与之交好、对其谦恭有礼而不会蒙受屈辱，当抓住时机，努力为之。

第五十七论

于人有恩，不可图报

如果你有恩于人或有惠于人，切记：欲使恩惠永存，必先令其死亡；欲使其变得伟大，必先使其变得渺小。不可仅限于很少提及，谓之：我不会将其挂在嘴上，亦不想听别人提及。因为，这样做甚至可能连一些不被人以智慧与慷慨形容的人都会感到害羞。须谨记，与受惠者同坐时，与其交谈时，或借助于他时，或在某方面与其竞争时，万万不可怀有施恩图报的优越感。施恩图报会毁坏善行，使恩惠变得浑浊不清。

第五十八论

注重修身养性，遏制自身邪恶

当谨防大动肝火，谨防盛气凌人，谨防怀恨在心，谨防愚昧无知。要为上述各种毛病预备制约的武器，这便是宽容大度，深思熟虑，虑及后果，追求美德。

须知，只有通过勤奋努力与美德修养才能出人头地。对自身邪恶本性缺乏阻击准备，便是对其举手投降。每人身上的每种天性都有一种邪恶本源，人与人之间孰优孰劣，皆表现在是否能够战胜自身的邪恶本性。

若说某人身上没有一丝邪恶天性，则纯属匪夷所思。只不过强者每当发现那些邪恶天性露出苗头，便会立即实施压制，旋即将其扼杀，仿佛它从来就不曾出现在其身上一般。邪恶天性就像隐藏在木头中的暗火那样，一旦遇到出于某种原因前来的取火者，或者一不留神，便会像火镰点火一般燃出火花，而首当其冲的乃是其主人，如同火花首先点燃的是其栖身的木头一样。

第五十九论

丈夫处世，以忍为本

对恶邻、恶伴、恶友要学会忍辱负重。这几乎是不会误导你的法宝。

须知，忍耐分为两种：对自己厌恶之物忍耐与对自己喜爱之物忍耐。

对自己厌恶之物忍耐是二者之中最难的忍耐，亦是忍耐者最接近于迫不得已的忍耐。

须知，小人之体最能忍耐，而君子之心最能忍耐。

令人称道的忍耐并非一个人皮肉坚硬，能够承受击打，或其腿脚结实，能够承受远途之劳，或其臂膀强壮，适宜体力劳作。凡此种种，皆属于驴子的特征。

令人称道的忍耐乃是战胜自我，承受重负，坚韧不拔，临危不惧，处变不惊。危难之际不弯腰，每临大事有静气。更兼意志坚毅，克制欲望，摒弃嗜好，为达预期目标而不畏艰难险阻，坚定不移地实现既定目标。

第六十论

治学修身，陶冶情操

要发自内心地喜欢学问，与学问形影不离，待之如友，使之成为自己的娱乐、享受、慰藉与食粮。

须知，学问分为两种：实用的学问与陶冶智慧的学问。

传播最广，也最容易使人无须督促便会积极追求的学问是实用的学问；而陶冶情操、锤炼智慧的学问则在德者与智者中间占据美德的首位。

第六十一论

当追求功德圆满的慷慨

要让自己习惯于慷慨。

须知，慷慨分为两种：拿自己手中财物慷慨与拿别人手中财物慷慨。

拿自己手中财物慷慨在二者之中最值得夸耀，不慷别人之慨则会使慷慨更加纯粹，更加无瑕，更加高尚。

若能够将慷慨助人与高尚情操完美结合在一起，便是在慷慨济世方面达到了功德圆满的境地。

第六十二论

为人莫存嫉妒之心

为人在世，不生嫉妒之心，不做善妒之人，自可排遣内心的伤痛与磨难。

嫉妒乃是一种卑鄙的品性。其卑鄙的标志之一乃是其攀附在与你关系最密切的至爱亲朋、知心好友和自家兄弟身上。

对待嫉妒心理，须明白这样的道理：同优于自己的人相处你将会受益最大。如果同伴或朋友比你有学问，你便可以从他那里汲取知识。如果他比你强大，便会用其力量为你驱除危害。如果他比你富有，你便可从其财富中受益。如果他比你身份高贵，你便可借其身份实现目标。如果他在宗教方面比你虔诚，你便会随其完善而日趋完善。

第六十三论

不可向宿敌或嫉妒者表露内心敌意

在筹划应对宿敌或嫉妒者的谋略时，务须明白，如果告诉对方自己已视其为敌，便不啻向其示警。这不仅于己不利，而且会令自己陷于被动。因为你尚未准备齐全，亦未寻到开战良机，便贸然向对方宣战，在其心中点燃对你仇恨的烈焰，从而促使对方武装起来，对你准备开战。

须知，如果你的敌人并未意识到你视其为敌，这对你最为有利。因为这样他便会疏于防范，从而有利于你克敌制胜。

若你能够以德报怨，不去冤冤相报，便是达到了完美的境界。

第六十四论

以怨报怨与离间之计

若你决意要以怨报怨，以仇恨与伤害报复仇恨与伤害，切记不可以明仇去报暗仇，亦不可以公仇去报私仇，因为那样做乃属不义之举。

同时须明白，并非所有仇恨与伤害皆可以相同的方式报复，如背叛不可以背叛相报，偷窃不可以偷窃相报。

对付仇家可用离间之计：与他的朋友做朋友，与他的兄弟做兄弟。这样便可在他与他的朋友和兄弟之间制造隔阂、纷争与疏远，最终导致他们与其绝交，反目成仇。因为当你主动以利益与之结交时，任何贪婪之人都不会拒绝。

如果你仇家的朋友皆非贪婪之人，那么你便不会有仇人。

第六十五论

收集仇家证据，隐而待机

在对仇家的辱骂保持沉默的同时，不可放弃对其缺点与弱点的收集，亦不可放弃对其丑行的跟踪，无论大小皆不可放过。但同时要对此秘而不宣，以免他对你产生戒备。亦不可在不适当的场合提及，免得在射击之前过早地张弓亮剑。

莫把对敌人的辱骂当作武器，辱骂不会伤害敌人内心，对其地位、财富与信仰亦毫发无损。

第六十六论

以拙掩巧，大智若愚

倘若你欲成为谋略家，切不可醉心于被人称为“足智多谋”，凡被人称为“足智多谋”者，皆会成为众矢之的，如同在光天化日之下公开行骗，人们皆会对其心存戒备，乃至于弱者会将其拒之千里，而强者则会与其公然对抗。

智者当刻意隐藏智谋，显得大智若愚，以性情宽宏、为人正派示人。

智者不应对那些为人正派且洞悉其智谋奥秘的智者施用计谋，以免招致对方仇视。

欲保平安，须让内心对所有事情感到忧虑，但不可将其显露出来，以免被人察觉，从而肆无忌惮地对你冒犯，为你招来更多忧患。

为应对这种情况，须准备若干应对之策。当竭力掩饰自己的恐惧心理，表现出大无畏气概与满不在乎的神态。

若不幸与仇家开战，应遵循我为你描绘的这种策略应对：内心要心存恐惧，表面要显出大无畏气概与满不在乎的神态，务须小心翼翼，待之慎之又慎，内心勇敢无畏甚至胆大包天，但处事却要万分谨慎。

第六十七论

知己知彼，方能克敌制胜

须知，你的仇人之中有人欲置你于死地，有人想与你握手言和，有人打算远远避开你。

对他们每个人的情况均应了如指掌。

克敌制胜最强大的武器和战胜敌人最强大的助手乃是知己知彼，要像收集敌人的缺点与弱点那样，详细清点自己的缺点与弱点。当你看到或听到别人的某个弱点时，均应扪心自问，自己是否也有相同或类似的弱点，抑或自己业已摆脱了这种弱点。

若你曾有过其中某个缺点，便应将其计算在自己的缺点当中。待你将自己所有的缺点与弱点清点完毕，便应通过改善自我，改正自己的缺点，使自己的弱点变得坚不可摧，把自己的致命之处保护得固若金汤，然后放手与对手一搏。

每日早晚，皆当对此念念不忘。

倘若你将其置之度外或对其漠然视之，便是将自己视为无能为力者、迷失自我者与一事无成者。那样，便不啻将自己的弱点暴露在敌人面前，为其提供了向你攻击的机会。

第六十八论

应对仇家，当未雨绸缪

倘若你自身的缺点与弱点之中有些自己无法弥补，或某件事情在人们看来是缺点而你却不这样认为，甚或有人对你引以为豪的出身门第，以及父辈的缺点或同辈的毛病说三道四，则须将这些统统铭记于心，念念不忘。须知，你的仇家会借此对你发难。故应时时提防，于明处和暗中积蓄实力，收集证据，筹划反击。

至于子虚乌有的虚妄之言，则大可不必惊慌失措，亦不必为此大费周章和劳心费神。未发生之事不致令你担惊受怕，而业已发生之事则会很快消失得无影无踪。

第六十九论

谨防内心所思所想显于脸上

须知，一个人很少对自己已知之事感到愕然。对于不光彩的事情，他会刻意在人们面前隐瞒，一旦被人在君王或别人面前道破，便会十分尴尬。此刻，其面部表情、双眼和舌头皆会指证他。也就是说，在那突如其来的刹那，他表现出来的沮丧、恍惚等面部表情业已将其出卖。

因此，对这种变故须格外当心，要未雨绸缪，以免措手不及。一旦突然遇到变故，可装模作样，故作姿态，随机应变，大胆予以否认。

第七十论

慎勿迷恋女色

须知，拈花惹草、贪恋女色乃是最毁损信仰、最伤身体元气、最耗钱财、最为人不齿、最败坏君子人格、最易丧失威严与庄重的事情。

可悲的是，拈花惹草者很快便会厌倦身边已经到手的女人，目光贪婪地转向其他不属于自己的女人。

其实，所有女人皆大体相似。

比较她们身上的未知成分与她们的眼睛和内心装扮出来的已知成分，多余部分皆为虚伪与欺骗，甚至男人所厌倦的身边的女人比他渴望追求的女人要好上许多。

对自家女人厌倦而对别人家女人艳羡不已者，就像厌倦自家饭菜而喜欢别人家饭菜的人一样。其实，天下的女人大体相似，如同这种饭菜与那种饭菜一般大同小异，甚至别人家的饭菜与自家饭菜的差异，还要大于自家女人与别人家女人之间的差异。

令人匪夷所思的是，一个具有相当理智和主见的男人，却从远处通过女性身穿的衣服观看女人，于是便在自己心中将她想象得佳妙无双、美艳绝伦，乃至于毫无理智、毫无来由地对其心生暗恋。此后，他可能便会离开这个女人，而去追求更丑陋的女人，从此便一发而不可收拾。他会不停地追逐女性，迷恋自己没有品尝过的女人，甚至地球上只剩下一个女性，他也会以为她与自己品尝过的女人有所不同，这便是彻头彻尾的愚蠢、败坏和龌龊。

谁若不在欲望强烈和食欲旺盛时对女色和饮食有所节制，很快便会尝到恶果。一旦毫无节制地纵情声色，饮食无度，随着其欲望之火熄灭，便会因身体不支而断绝那些享乐。这种人往往在关乎自身健康的饮食、忌口、服药方面自欺欺人；在关乎自己君子风范的欲望与嗜好方面自欺欺人；在关乎自己信仰的怀疑、猜忌与贪婪方面自欺欺人。

第七十一论

降低身份会备受尊崇

每次聚会，每个场合，每逢说话、发表意见或做某件事情时，都要刻意主动降低自己的身份和地位。若你降低自己的身份，人们便会抬高你的身份；若你远离自己应处的位置，人们便会将你推近你应处的位置；若你不自我吹嘘，人们便会对你推崇备至；若你不对自己的言行与观点自我标榜，人们便会对你的言行与观点赞美有加。此乃至善至美之境界。

若一位学者对自己学问的意义不明其详，那么这个学者不会令你钦佩；若一位员工对自己工作的意义不甚清楚，那么这个员工不会令你赏识。若你因开口说话而暂时受制于人，那么你绝不会因缄口不语而受制于人。对你来说，也许沉默是二者之中最华美的装饰，它最能为你增添友谊，最能彰显你的威严庄重，最能使你远离嫉妒。

第七十二论

为人不可狡辩

须谨记，为人不可狡辩，当对此谨记。但不行狡辩并不妨碍开展正常辩论。

须知，狡辩者乃是不思上进者，亦非别人学习的楷模。若有人妄言自己能够将荒谬雄辩成真理，即使其论据充分、证据确凿、思路敏捷、巧舌如簧，也如同没有法官在场的诉讼，而裁决诉讼胜败的法官全凭自己的公正与理智。若其能够心平气和地接受公正的裁决，或希望裁决结果公道，便会裁决自己败诉，那样他便是做对了事情。如果与此相反，那便是货真价实的狡辩。

尽量不要将自己内心不太成熟的想法告诉朋友，以免将来无法实现而贻笑大方。只有对事情已有几成把握，方可有所保留地透露给朋友。

须知，行过于言乃是美德，而言过于行则是缺陷，但恰到好处地把握其分寸殊为不易。

第七十三论

只有完成全部工作，身心才会彻底放松

倘若你面前工作堆积如山，便不可奢求身心放松，而将工作日复一日地往后推延。因为只有完成工作，才能得到彻底休息。耐心会减轻工作对你的压力，烦躁则只会加大工作对你的压力。

须谨防一种不良习惯，它会时常侵扰一些忙于工作的人。这便是当一个人在忙于处理某件事情时，又来了一件事情，或来了一位令自己讨厌的人，于是便将他干扰得心神不定，将原来正在处理的工作与新到的工作搞得一团糟，乃至于无法专心进行其中任何一项工作。

若遇到这种情况，须运用自己的主见与智慧对诸事进行选择，按照轻重缓急确定自己最应优先完成的工作，而后便专心处置，直至将其完成，而不必介意错过了什么，延迟了什么。如果发挥了自己的主见，将各项工作排出轻重缓急，便应为每项工作设定一个目标，而后为实现该目标全力以赴，直至圆满完成。

第七十四论

凡事逾越极限，便是过犹不及

须知，若你在信仰方面逾越极限，便是履行在宗教义务方面差强人意；若你在传授知识方面逾越界限，便进入了愚昧者的行列；若你为使人人满意而轻率地答应他们的所有要求，从而逾越规矩与法度，便会陷入令人可悲的凄惨境地。

须知，某些馈赠可能包藏着图谋；某些刻薄言辞可能隐含着心境郁闷；某些快言快语可能掩饰着拙口笨舌；某些知识不是财富而是愚昧。不要使自己的馈赠成为不义之举，不要让自己的伶牙俐齿变得胡言乱语，不要使自己的学问变成灾难。谨记，当竭尽所能，照此办理。

第七十五论

当铭记雅俗共赏的奇言妙语

生活中，你总会遇到令自己欣赏不已的奇言妙语，要么是幽默有趣的掌故，要么是精妙绝伦的佳句。

若你欣赏那些奇言妙语，则应该将其铭记在心，因为记忆有赖于被记忆对象的精妙与神奇。你很想与人共赏，这并不奇怪，因为这种奇言共赏的心理乃是人之天性，但并非所有令你欣赏的东西同样会令别人欣赏。

倘若你将其宣扬了一两次，却未发现听众表现出与你同样的反应，便应就此打住。对不值得欣赏的东西格外欣赏乃属心智不全。

我们发现有些人一旦涉及某件事，便会沉浸其中，无法自拔，于是便开口必谈，逢人必讲。至于别人对其所谈是否感兴趣，皆无法阻止其反复絮叨。

此外，对轶事趣闻当慎重待之。人之天性便是传播，对轶事趣闻尤为如此。故人们大多都会将自己道听途说的内容传给别人，而不关注消息的来源。此种行为乃属亵渎诚信，玷污君子风范。当尽量做到：对任何事情，只有自己确信无疑，方可告诉别人。而自己的确信要建立在真凭实据的基础之上。

莫像一些蠢人那样说："我听到什么，便告诉别人什么。"道听途说的内容大多是谎言，而蠢人最能传播谎言。倘若你领受道听途说，那么你道听途说的内容会数倍于发明者的原创。

第七十六论

常存宽容之心，莫与蠢人为伍

当珍视所有交好的朋友和兄弟，无论他比你位高权重，还是比你身份、地位与才能皆稍逊一筹。在与朋友交往的过程中，内心须确立这样的理念：对朋友当宽宏大量，不计前嫌。不急不躁，不存芥蒂。对其给你带来的诸多不便豁达大度，不对其求全责备，不嫌其做事拖沓，亦不向其提过分要求。盖因责备乃是绝交的起因，要求过分乃属于贪婪。乐于谅解与宽容，会使你接近内心所向往的目标，同时又不失颜面、友情和君子风范。

人生之中，可能会遇到来自无赖之徒的刁难，他对你的仇视也随之暴露无遗。倘若你以无赖的方式应对无赖，那你便是赞同了其无赖行为，所以才选择以其人之道还治其人之身。若你认为其行为应受到谴责，便可通过对其谴责而不是以牙还牙的方式进行报复。若你在谴责其行为的同时却照他那样去做，并非正确态度。

第七十七论

与人相交，当行君子风范

对任何人，即使你所熟识的亲朋好友，甚至父亲或儿子，均应以君子风范相交。许多君子可能因为性情和蔼、不端架子，交往了一些胆大妄为和放荡不羁的朋友。

倘若在朋友面前失去威严、庄重和君子风范，便会在朋友心目中自贬身价，被朋友看得无足轻重。

不可追求每句话、每种观点都要盖过朋友一头，时时事事尽占上风。倘若你明显胜过朋友一筹，你的论据明显将其驳倒，切记不可一味地责备朋友。

人们大多会被自己的好胜心和庸俗观点所驱使，在说过的话被人忘记之后还去刨根问底，以图从中找出所谓论据，而后用其对付朋友。此乃弱智和品德低劣的表现。

第七十八论

莫为虚荣迷失自我

倘若有人因为你所处的地位或手中的权势而对你尊崇有加，则这种尊崇不应令你陶醉，因为权势乃是尘世中消失得最快的东西。若有人因为你广有财富而对你尊崇有加，则这种尊崇亦不应令你陶醉，因为财富乃是紧随权势之后消失得最快的东西。若有人因为你门第显赫而对你尊崇有加，则这种尊崇同样不应令你陶醉，因为门第出身乃是人在今生与来世中益处最小的东西。

但如果你以信仰虔诚或君子风范而受人尊崇，那么你当为之陶醉。君子风范乃是你今生形影不离之物，而信仰虔诚乃是你来世形影不离之物。

第七十九论

怯懦招致杀身，贪婪导致犯禁

须知，怯懦会招致杀身，贪婪会导致犯禁。

仔细分析你所见所闻之事：战场上冲锋陷阵死去的将士多呢，还是后退逃跑死去的将士多呢？再仔细观察，彬彬有礼的求助者与贪得无厌、不择手段的敲诈者，哪个更值得你慷慨相助呢？

须知，被你赏识的人，往往会受到你百般维护，遇到有人说他坏话，你便会为其辩护，这样并不见得对他有利，甚至可能对他有害。

除去在法庭辩护与抗诉，否则不可提及某个朋友或敌人。朋友若是相信你，便不会在意你在辩护场合说了什么或没说什么，亦不会对你有只言片语的责备。

对于你的敌人，最坚定的观点便是每逢提及，必伤其要害，而且不要将无关痛痒的伤害视为真正的伤害。

第八十论

谨防高贵品性受低级趣味侵袭

或许某人性情宽厚，却很想让别人说他性格刚强，生怕人们说他软弱可欺，为此宁愿故作鲁莽。或许某人为人庄重，不苟言笑，却很想让人说他能言善辩，生怕人们说他嘴笨口拙，为此宁愿说话不着边际，信口胡言。

凡此种种，皆须慎待之。

第八十一论

名声与尊严，皆当精心维护

倘若你面临两种选择而自己委决不下时，应看哪种选择最符合你的嗜好，然后按照与其相反的方向去做。通常最正确的选择与个人嗜好恰恰相反。

须在内心同时存在有求于人与无求于人两种准备，当你有求于人时，须心平气和，和颜悦色；当你无求于人时，须保持名声清廉，维护自己的尊严。

第八十二论

与人相处之礼

与任何人相处，皆须符合对方格调，对症下药，量体裁衣。假如以知识与愚昧的人相处，以学问与粗鲁的人相处，以辩才与口吃的人相处，只能徒费你的学识，亦令对方承受压力。他对此一窍不通，自然会尴尬万分。而你也会像口若悬河的人与听不懂自己语言的外国人说话那样感到无比郁闷。

须知，任何一门学问，若你当着不懂其奥妙的人谈论，便会受到他们的指责与非难。他们会众口一词，对你群起而攻之，千方百计地将其贬损成愚昧。同理，对人们来说最无足轻重的各种娱乐与玩耍，如果让对其一窍不通的人参与其中，只能让他感到负担与郁闷。

要让朋友清楚，你不仅同情与怜悯他，而且还同情与怜悯他的朋友们。须谨记，如果某人与你交往或与你相伴，却不见你对他的任何一位同伴、兄弟、朋友怀有同情与怜悯之心，他便会感到不快，因为这在人们心目中极为重要。你对朋友的朋友好生相待，将会在朋友心目中留下比你善待其本人更好的印象。

谨记，当着忧伤者不可嬉戏。因为人在忧伤时节会仇视兴高采烈者，而感谢愁眉苦脸者。

假如你对同伴发表的某种观点或言论无法接受，认为其粗俗且丑陋不堪。无论这种观点或言论源于谈话者本人或援引自他人，切记不可当面揭穿其中的虚假与庸俗。莫要唐突断论："他这是道听途说。"任何人受到驳斥皆会感到恼火。

假如你不愿看到他这种错误的观点或言论扎根在某个人心中，担心听者的思想会建立在错误的基础之上，或担心某个人会因此受到伤害，那么你完全可以在背后批驳这种观点，因为那样批驳更为简单，同时避免招人憎恶。

此外须明白，憎恶出于恐惧，友谊方是平安。为人在世，当用沉默积聚友情，沉默也会为你带来友情。倘若开口说话，便应顺情说好话，因为好话会增加朋友之间的友谊，消弭愤怒者的怒火。

须知，低声细语、平心静气、行事中和，既不自负，亦不自傲，此乃交友之道。而自傲与自负，只会招来人们的憎恨与厌恶。

第八十三论

谋士难保算无遗策

须知，谋士并不能确保其计谋万无一失，笃定无误。因为计谋的重点不在内容，而在于事无恒定，变幻莫测，世间任何事情皆不可笃信无疑。凡是强者能够做到的事情，弱者亦能做到，甚至或许强者无法做到的事情，弱者却能做到。假如朋友向你提出某项建议，而你最终却发现其结果并非如你所愿，这时切不可将这一切视为其过错，亦不可对其责备，更不可说：“这是你让我做的，你吩咐我这样做。若不是你，我绝不会这样做。从此以后，我再也不会听你的话了。”因为所有这些表现皆属烦躁、卑劣与轻浮。

倘若你为人出谋划策，别人按你的计策行事，或未按你的计策行事，而事实证明你的计策正确，那么即使你计出万全，算无遗策，也不宜将其挂在嘴边。即使事实证明他弃用你的计策对他有弊无利，也不可责备对方说：“我不是对你说过要那样做吗？”因为这样有悖于智者的修养。

第八十四论

要善于聆听

要像学会善于说话那样，学会善于聆听。善于聆听的表现之一，是让说话者把话讲完，少对答案紧追不舍，要目不转睛地面向说话者，对其所讲的内容充分领悟。

须知，若你同朋友交谈时表现得急不可耐，不待对方将内心想法讲完便打断对方话头，这样便会将其谈话引入歧途，使其失去味道和精彩之处，令人难以接受。

第八十五论

背运时节的清心寡欲不算真正的清心寡欲

倘若发现自己时乖命蹇、运交华盖，或世事艰难，迫使自己清心寡欲。这时切不可被假象迷惑，因为这不能算是真正的清心寡欲，而是在尘世面前无可奈何的情况下表现出来的烦躁、屈从与心理失衡，是你对尘世带来的磨难所产生的满腔愤慨。假如你拒绝尘世的诱惑，放弃追求尘世的虚华，马上便会发现自己的烦躁与不安会徒然增加若干倍。但如果自己内心拒绝尘世而时来运转，便须迅速做出回应，做到从心向善，从善如流。

第八十六论

切忌为有缺点的人辩护

为人在世，须清楚自己的缺点。同时，切不可对别人类似的缺点冷嘲热讽。倘若人们提及某人的某种不良品性时，不可像为自己的缺点辩护的人那样为其辩护，从而被人们指控为有相同的毛病。亦不可固执己见，强词夺理。更不可表现得胡搅蛮缠，因为胡搅蛮缠乃是令人起疑的诱因。

若你同某个族群生活在一起，切不可对某一代人或某一族人统而言之地谩骂或抱怨。因为你不清楚，也许你会在有意无意间伤害某些同伴的面子，从而难免使他们报复，或将你视为低俗者。

莫对男人或女人的名字妄加指责，不可妄言这个名字丑陋、难听，因为你不清楚，也许某位同伴会与你意见相左，也许这个名字恰恰是其亲友和家眷的名字。对此切莫等闲视之，因为所有这些言语皆会伤害人心，口舌伤害甚于拳掌。

总而言之，品质恶劣的表现之一乃是与人说话争高低、对别人所言持反对态度以及打断别人的话题。

如果有人谈论一个你所熟悉的话题，不可与其争抢话头或参与谈论，仿佛是向人们显示你对这个话题同样熟悉。此种品行，应当摒弃。

正确的方式乃是祝贺谈话者熟悉这个话题，让他单独谈论，而不要抢话或插话。

第八十七论

切忌用贬损的语言伤害友人之心

倘若你身处一群笨嘴拙舌的人当中，不可用自己伶牙俐齿的口才向他们施加压力。

须知，小心翼翼有时会助你防范令人担心的事情发生，而过度谨慎则有时会招致你防范的事情发生。

须知，人们习惯了自欺欺人，通过无中生有和造谣生事寻找别人的缺点、毛病和劣迹。但在听者看来，所有这些比白昼的日光还要显而易见。切莫鬼迷心窍地那样去做，亦不可使自己成为那样的人。

须知，避开是非的方法之一便是小心谨慎，有一种谨慎常被人误以为软弱无能。如果能够使自己的畏怯表现在涉事之前，则属于小心谨慎。但不可待身陷其中却又心生恐惧，此乃属于软弱无能。智者只有识得河水深浅，才会涉水过河。

我们发现，在人们交往中存在一种不良现象：一个人若看到同伴日子过得幸福，自己心里便会难受。于是便以劝诫者和说书人的模样出现，宣扬“福不常在，财不常存，风水轮流转”的论调，以贬低同伴、诋毁其幸福为乐事。这自然瞒不过当事者和其他人。他的话并非忠告与劝诫，而是见到别人幸福而生出的无尽烦恼，于是便借机诋毁，以使自己扭曲的心理达到平衡。

从前有一位朋友，在我看来，他是最伟大的人之一，其伟大之处乃是将尘世看得十分渺小：他摆脱贪欲的操控，对无法得到的东西绝不心存奢望，对能够得到的东西绝不贪得无厌；他摆脱假恶丑的操控，故行事不会令人起疑，人们对其人其言绝不敢等闲视之；他摆脱舌头的操控，对自己不懂之事断不会不懂装懂、信口胡言，对自己懂得的事情从不做无谓之争；他摆脱愚昧的操控，做任何事情之前，都会首先确定其裨益。

他通常默默无语，而一旦开口，便会语惊四座。

他看上去弱不禁风，但在关键时刻却会变成一头奋力跃起的雄狮。

除非遇到公正的法官和公正的证人，否则他绝不会与人对簿公堂，亦不参与辩诉，更不会出庭作证。

他不会轻易责备任何一位可能有理由的人，他在责备别人之前必先了解对方的理由。

他只会向有望治愈自己的人诉说自己的病痛；他只会向能够给予自己忠告的人求教；他从不烦躁，从不盛怒，从不奢求，从不抱怨。

他对朋友从不怀恨记仇，对敌人从不掉以轻心。他从不独享自己的精力、计谋与力量，而是与朋友们分享。

如果可能，当努力具备这些品德。虽然无法完全做到，但点滴收获也远胜过毫无所得。

须知，世人品级多种多样，且容我为你描绘属于最高品级的世人：在卑贱者面前不趾高气扬，在高贵者面前不卑躬屈膝。

此乃世人应追求的至善至美境界。

小礼集

第一论

开章篇

伊本·穆加发曰：

每个生灵皆有所需，每种需求皆有目标，每种目标皆有路径。真主为万物规定了命数，并为实现各种目标准备了路径，从而使各种愿望皆可实现。

人类的需求与目标乃是改善今生与来世的处境，实现的路径便是健全的理智，而理智健全的标志乃是遇事详审慎择，然后矢志不移地实施自己的选择。

第二论

学问益智

智慧有其天赋秉性，它借此接受学问，并借助学问不断发育和升华。

如同一粒深埋地下的种子，只有靠水的帮助，它才能脱掉干硬的外壳，显示自己的力量，带着花蕾和芬芳，带着青翠绿芽和勃勃生机，出现在地表之上。正是那生命之水渗入种子，将干枯的危害与死亡的阴影驱走，为它带来活力与生命。

同样，智慧的天性蕴藏在心底深处，它本身既无力量，亦无生命，更无任何裨益。只有在学问作用于它之后，它才会展现出力量、生命和裨益，因为学问乃是其花粉、果实和生命。

大凡学问皆与逻辑相通，大凡逻辑皆为学而知之。其字典中的每个字母，其各种称谓中每个名称，皆是传自于某位先哲的某次谈话，或源于某位先哲的某本经典。

这说明人类自身并没有创造什么学问，只是从大智大慧的主那里寻到了学问的根源，从而对学问有了认识和了解。

倘若人们做了一件功德善事，或道出一句奇言妙语，即使这件功德善事尽善尽美，即使这句奇言妙语精辟绝伦，皆须让后人明白：那只不过像一位珠宝匠遇见宝石、黄玉或珊瑚，遂将每块玉石镶嵌在恰当位置，制成项链、挂坠和头冠，而珠宝匠本人也因此被人们称为能工巧匠而已；或像首饰匠用金银制作出令人赏心悦目，甚至令人惊羡不已的饰物和器皿而已；或像蜜蜂遇到上天产出的甜美果实，途经了上天为其采撷果实而铺平的坦途，花汁果浆遂变成药品、食品和饮品一般，而每逢人们谈到蜂蜜，便都误以为那是蜜蜂的功劳，如此而已。

谁若讲出自认为同时也受到别人赏识的绝妙佳句，切莫像发明创造者那样炫耀。因为正如我们所描述的那样，那并非由他所造，而是从别人那里撷取而来。

第三论

善者为师

谁若能够将别人所讲的名言佳句铭记于心，而后将其用在恰到好处的场合，则此人的这种做法不可等闲视之。他蒙主襄助，将智者之言铭记于心，踏上了以善者为楷模的正途，成功地汲取了智者的智慧，故不应再苛求他什么，因为他已经到达了终极目标。

至于那些名言佳句不是由他发明和首创，则既非其认识的缺憾，亦非其见解的不足。因为弘扬智慧，使之日臻完善，需要具备七项条件：友爱至上；志存高远；矢志不移；行善为习；善待百姓；信守经过详审慎择且笃定无疑的先哲言行；将自己的选择与笃定恰如其分地落实在言行之中。

友爱至上：若一个人奉行友爱至上的人生信条，认定世间唯有友爱最为甘美，那么友爱便会令其今生与来世诸事圆满。

志存高远：人们若想实现自己所追求的梦想和所向

往的目标，必须不懈地努力奋斗。如果不付出辛劳与努力，便绝不会如愿以偿，内心也不会感受到实现愿望的弥足珍贵。

矢志不移：只有选定目标并矢志不移，追求理想才不会半途而废。世上有许多追求真理者，遇到真理与谬误同在，却选择了自己避之唯恐不及的谬误，摒弃了自己所追求的真理。如果追求者得到了非己所愿的东西，却误以为自己业已如愿以偿，并对此深信不疑，那么他应该首先辨明目标，然后再努力追求。

信守先哲言行：此乃完全成熟的表现。因为人容易健忘和疏忽，所以一定要将获得的先哲言行牢记于心，以备需要时节所用。

至于独具慧眼、目光独到，则是将一切均置于恰到好处的位置，以体现其所有价值，达到人尽其才、物尽其用。我们对此极为需要，因为我们在这世界上并非处于富裕和小康的层次，而是处于贫困和劳累的层次。相对我们对饮食的需求，我们更迫切地需求能够区分人们智力高低的学问。学问对智力发育所提供的营养远比食物对身体发育所提供的营养见效更快。我们为趋利避害和出人头地而努力追求物质财富，远远比不上我们为改良宗教和尘世而刻苦探求学问更有价值。

第四论

本书内容

我在本书中将人们铭记于心的至理名言收录成文，它有助于陶冶心灵，擦拭心灵的锈斑，使心灵之光更加明亮；也有助于激发思维，广开思路，规划人生；亦有助于明彰世事的真善美和伦理道德的崇高与伟大！

第五论

欲成大业，孜孜不倦

善言者远远多于懂行者，而懂行者又远远多于善行者。

让每个人选择将自己置于哪个位置吧。

每个人只要大脑正常，皆有一份赖以生存的才智，却不想以自己的才智为世界付出任何代价。

并非每个具有一些才智的人都堪称智者，亦不会以小有才智为世人称道。欲使自己具备接受这种名誉和称谓的资格，便应该为其准备充分的条件，克制自己的欲望和嗜好，毕生为之奋斗。那么他便是在成就一番伟业，容不得一丝疏忽，也容不得半点懈怠；一曝十寒、有始无终者一事无成；自私自利、私欲膨胀者更无法如愿。它不像尘世其他东西与富贵荣华那样，锲而不舍者错过的东西，懒惰成性者却可能会如愿以偿；强者错过的东西，弱者却可能会轻而易举地得到。

第六论

智者汇一身正气，愚者集一身谬误

智者一旦错失某些事情，其智慧便会通过与愚者相比较而对自己做出评判。

智者须知，喜欢和谐与厌恶伤害，此乃人之共同天性，也是智者和愚者相同的品位。智者与愚者的区别在于前者乃正确之源，后者乃谬误之源。在这些方面智者和愚者泾渭分明，智勇双全者与软弱无能者大相径庭。这种不同表现有三种特征：

第一种特征：智者遇事权衡利弊，清楚自己倾心所爱和最应该追求的目标乃是永朝永夕、永生永世、恒久常存的功德；自己深恶痛绝和最应该提防的罪愆乃是永朝永夕、永生永世、恒久不变的罪愆。于是他便明白了这样的道理：来世优于现世；洁身自好带来的永久欢乐，胜过欲望驱使带来的片刻之欢；将愿望与结果完美结合的正确观点，胜过片刻享乐却转瞬即逝的错误观点；无数顿饭菜胜过一顿饭菜，无数个时辰胜过一个时辰。

第二种特征：智者会详审慎择，将希望与恐惧放在恰当的位置，不会对不值得恐惧的对象心存畏惧，亦不会对无法企及的目标心存奢望。于是便对现世的享受心存畏惧，以求来世的安乐；承受眼前的痛苦，以避免来世的磨难。最终他会发现，先前的逃避令其越陷越深，先前的追求令其白白受累。

第三种特征：智者在明晰最恒久的功德并确认希望与恐惧所在之后，会将自己的选择坚定不移地付诸实施。没有远见而欲求功德者乃是彷徨歧路不知所向之人，而认准功德却无毅力追求者则是身心残缺和一事无成之人。

第七论

自我清算与自我审判

智者当时常进行自我清算、自我敌视、自我审判和自我奖惩。

自我清算，即盘点自己具有何种优势。因为自己身无长物，只有一去不复返的时日。而这有限的时日每失去一部分，便再也不会像钱财收支那样有去有回。耗费在荒谬上的时日，不会重归于真理。于是，智者年年反省，月月反省，日日反省，审视已经逝去的岁月和自己所得的收益，以及在宗教和世俗两方面为此付出的代价。然后将其汇集一册，其中包括汇总、审核与备忘，作为对自己内心的谴责，使其低头屈服，俯首认罪。

自我敌视，则因为惯于作恶的人性特点，乃是假言托辞应对既往之事，妄言希望应对未来之事。自我敌视便是驳斥人性的各种托辞和理由，排除其中嫌疑。

自我审判，则是指对自己的行为和思想进行评判。将恶行判定为有失颜面、败坏人格和致人非命的丑恶，将善行判定为锦上添花、救民水火、有百利而无一害的美德。

自我奖惩，则是每当忆起自己的善行并对其善果充满期望时，自己内心便会感到愉悦；每当忆起自己的恶行，联想到那些人所不齿、令人毛骨悚然的行径，自己内心便会感到悲哀，受到谴责。

记取自己令人悲哀的丑恶行为而进行自我惩罚。

聪明的人会照此严格要求自己，而不会任由自己疏忽和放纵。

第八论

为人在世，当常思来日无多

智者当时时刻刻想到死亡，用其控制自己内心，遏制内心的桀骜不驯与放荡不羁。常思来日无多，既可杜绝得意忘形，又可避免惊慌失措。

第九论

为人当自省

智者当历数自己在宗教、道德和礼仪方面的缺点，将其归纳在一起，牢记于心或书写成册，而后经常反思，迫使自己改正，确定每日、每周或每月改正一两个或若干个缺点。

每改正一个缺点，便从记忆或记录中将其抹去。每当看到某个缺点被抹去，便当为之高兴。每当看到某种缺点依然牢牢地存在，便应感到悲哀。

第十论

与人相交，重在学问人品

智者当明察别人的美德，并将其牢记在心。要像我们前文叙述的那样，使自己习惯于改正错误，弘扬美德。

智者不可随便与人结交、相伴、为邻，应尽量与比自己学问高深、信仰虔诚、品德高尚的人结交、相伴、为邻，这样便可从其身上获取教益。或者同那些虽然不比自己学问高深、信仰虔诚、品德高尚，却在学问、信仰和品德方面与自己大体相当的人结交，亦可借助他们优化自己的学问、信仰和品德。

忠信的美德只有得到同道和支持者的襄助方能生存与发展，对于有德之士来说，同道者比起亲朋好友更有助于其弘扬美德，坚定对美德的信念。

所以一位先哲说：宁交在学者中间长大的愚钝者，不交在愚者中间长大的聪明人。

第十一论

智者不悔既往，遇事喜忧有度

智者不应对其在尘世中失去的东西感到忧伤，亦不应对错过的机遇感到懊恼。应该将遇到的不快完全抛掉，仿佛什么事情也没有发生。要将自己曾经追求却未能如愿以偿的目标抛开，仿佛自己从未追求过一样。

智者不应放弃迎面而来的那份快乐，却也不可过于陶然自得，亦不可毫无节制。因为伴随陶醉而来的是遗忘，伴随毫无节制而来的是疏忽。谁若遗忘或者疏忽，便会得不偿失。

第十二论

智者选择诤友，以解后顾之忧

智者当与智者肝胆相照，鼓励他们监督自己，让他们成为自己耳朵、眼睛和观点的守卫者。这样方可令自己内心宽慰，高枕无忧。因为他明白，即使自己放任自流，那些智者朋友也不会任由他放任自流。

第十三论

智者的四个时辰

智者只要不是灰心丧气之人，便不应该让某件事打扰自己的四个时辰：向主诉求的时辰；自我反省的时辰；向一贯肝胆相照的知心好友透露心事的时辰；独坐幽思，并享受其中甘美的时辰。最后这个时辰乃是另外三个时辰的帮衬。心情愉悦与心地安宁，可为人增添活力，令人生活康乐。

第十四论

智者一生三件事

智者一生只应追求三件事：为来世储备食粮；为今生筹备糊口之资；在不违反禁忌的前提下尽情享受。

第十五论

芸芸众生千千万，堪可交者无二三

智者应将世人分为两个不同的阶层，在他们面前分别穿戴不同的外套。在下层即大众阶层面前，说每一句话，走每一步路，都要穿上蹙眉冷对、封闭保守、拒人千里的外套；而在上层人士面前，则要脱下疾言厉色和冷若冰霜的外套，换上温文尔雅、和蔼可亲的外套，对其敞开心扉，坦诚相见。因为能够进入这个阶层的人只有千分之一，他们皆为远见卓识之士、可资信赖的朋友、严守秘密的君子、一诺千金的兄弟。

第十六论

小洞不补，大洞难堵

智者对观点之中的任何错误，学问之中的任何失误，以及处事之中的任何疏忽皆不可等闲视之。对小事掉以轻心，便会积小成大。如同年久失修的墙壁上出现的缝隙，若不及时堵塞，裂缝便会越来越大，乃至于墙壁无法承重而最终坍塌。我们所遇到的所有事情皆源于不足挂齿的微末。我们发现，政权往往被微不足道的敌人颠覆，健壮的身体往往被并不令人在意的小病拖垮，大江大河往往因为并不起眼的溪流而决堤。

丢失概率最低的东西乃是王位。世上任何东西无论多么微不足道皆不会轻易丢失，除非它与其他重要的东西连接在一起。

第十七论

凡事委决不下，当以理智为先

智者对于无人赞同的观点，即使自以为把握十足，亦不可贸然决断。

须知，正确观点与个人偏好乃是一对死敌，世人往往将正确观点后置，而将个人偏好提前。但智者却与此相反，他将个人偏好置后，而将正确观点提前。

一旦遇到上述两者混淆在一起而无法分辨孰对孰错时，智者当详审慎择，对最符合自己偏好的选项应格外提防。

第十八论

教人须先正己

谁若将自己树为人们在宗教方面的伊玛目[①]，便须在品行、利益、观点、言谈与交友方面首先教育自己，矫正自己，因为身教比言传更为有效。

富有哲理的名言可令听者耳目一新，而实践富有哲理的名言则令人赏心悦目、内心愉悦。相对教育与矫正他人者，教育与矫正自己者更值得人们尊敬与推崇。

---

① 伊玛目，伊斯兰教教职称谓。系阿拉伯语音译，意为“领袖”“表率”“率领者”和思想、理论界的“权威”等。

第十九论

君王当礼待臣下，任用贤能

管理民众乃是一场巨大磨难和严峻考验。为君者当具备四种品德：选拔人才，耳提面命，关怀备至，奖惩分明。这四种品德乃是政权赖以存续和稳固的基石与支柱。

选拔官吏与大臣乃是制度使然，意在为长远储备人才，也许为选拔一名人才要测试一千个人。只有好的官吏，才会像自己当初被选拔时那样认真选拔人才。也许官吏的下属及其下属的下属数量众多，谁若注重选拔人才，便是抓住了关键。反之，谁若未将事业建立在这种基础上，则其建造的大厦便缺少支柱。

至于耳提面命，则是因为并非每个具有聪明才智或为人诚信者，皆熟悉事情和工作的方方面面。若其对此熟悉，则其上司便着实不必对其耳提面命，亦不必对其举一反三地反复解释和说明。

至于关怀备至，若君王能够这样去做，乃是体恤下属，富有远见。而下属受此礼遇，则会根基牢固，坚不可摧。

至于奖惩分明，则既可安善者之心，又可避恶人之祸。

第二十论

君王当抑恶扬善，知人善任

若无大臣和幕僚们辅佐，为君者将一事无成。若大臣对君王不怀友情，不提谏言，便一无是处。若无远见卓识与为政清廉，友情便毫无价值。

为君者日理万机，故鲜见众多美德集于一身者。为政成功的正确方向和路径乃是君王知人善任，对每位大臣的智谋与长处、缺点与不足皆了如指掌，所以能够对大臣量才使用。

倘若君王本人或通过其心腹对大臣们的优点和缺点了然于心，便会知人善任，将自己认为智勇兼备、忠诚可靠且其缺点无碍大局者分派到各个职位。而对于缺点和毛病令人担心的大臣，虽然他具有英雄气概，君王亦会对安排其到无须英雄气概的职位持保留态度。

再者，君王应关注臣下，考察他们的工作，对每个善者的善行与每个恶人的恶行洞若观火。

继而，君王当对每一位善者予以褒奖，对每一个恶人和无能之辈予以惩治，丝毫不能姑息。若非如此，则善人便会备受冷落，恶人便会胆大妄为。长此以往，则朝纲紊乱，万事皆休。

第二十一论

世事无恒定，风水轮流转

降低追求目标可保长久安逸；志向高远则须付出艰辛努力。追求力所不及的目标，堪当以失败告终。

为富不仁者兴高采烈时会乐极生悲，为贫不义者索求时会贪得无厌。贫穷的耻辱远轻于富有的耻辱。与友爱相伴的贫穷远胜过与仇恨相伴的富有。

世事无恒定，风水轮流转。无论你强大还是弱小，运来避不开，运去挡不住。

第二十二论

至理名言，意蕴深远

一旦某句话成为名言，其逻辑阐释便会更清晰，表达意义会更明确，令听者觉得更加悦耳，令话题更加宽广。

第二十三论

财富莫如智慧

贫穷莫如愚昧，孤独莫如偏执。财富莫如智慧，欣慰莫如讨教。

第二十四论

善者扬人之善，隐人之恶；诲人不倦，从善如流

善者之善行与其待人之道常被人们奉为楷模，若犯有过错者向其请求宽恕，他便会慨然应允，千方百计为其遮掩，而不会四处张扬。若有人向善者求教，他便会不吝赐教，竭诚为其出谋划策。若善者向别人求教，便会不耻下问，认同真理，从善如流。

第二十五论

智慧与财富

真主赋予人们两种恩赐：其一为守护者，其二为被守护者。守护者乃是智慧，被守护者乃是财富。如蒙真主许可，智慧将为人带来好运；慰藉身处异乡的孤独；消除贫困；使籍籍无名者名扬天下；令收益日益丰厚；使果实香甜可口；让黎民百姓成为君王的座上宾客；为君王收集百姓的忠告；赢得朋友，抵御敌人。

第二十六论

智者之言，是为大礼

智者所言虽寡，亦为大礼。接近罪恶，虽则微小，亦为大祸。友人相聚，虽则简朴，亦为乐事。

第二十七论

众生百态

芸芸众生皆可能挖空心思以求进入权力的大门：好人应邀而入，恶人强行闯入；学者申请进入，不学无术者寻机窃入；强者排挤他人，弱者受人排挤。行善者祈望善报，作恶者寻求庇护。官场乃是一个集忠良与奸佞、学者与愚者、高贵者与低贱者于一体的聚会场所。

除去敬畏真主的少数人之外，人们大多心地肮脏：言者盛气凌人，闻者吹毛求疵；提问者刻意刁难，回答者虚应故事；训诫者言行不一，被训诫者嗤之以鼻；诚信者难免背叛，诚实者难免撒谎；信道者难免误入歧途，心坚者难免问卦预卜。

人们相互拆台，相互攻讦，期待着风水轮流转。康乐时节沉迷于相互嫉妒，危难时节沉沦于相互背弃。

第二十八论

莫被尘世遮双眼

有许多曾备受运气眷顾的人杰最终被运气抛弃！于是，劳累尽归他们，而好运却尽归别人。最终，他们的财产被昔日的仇人抢夺，只好被迫流落他乡，寄人篱下。

如今我们在步他们的后尘，预料我们也会遭遇像他们那样的处境。若我们对他们的经历详加分析，便应该明白：他们经历中那些令人羡慕之处，我们当追从之；他们经历中那些令人忧心之处，我们当力避之。

第二十九论

行善弃恶，莫为个人好恶所惑

曾有人云：至高无上的主可能会指令世人做某事，以考验其承压能力；亦可能会禁止世人做某事，以考验其抵御诱惑的能力。

倘若只凭自己所好行善，只凭自己所好弃恶，则你便是让魔鬼窥见了自身短处，如同将牵引自己的绳子交到了魔鬼手中。他很快便会闯入你的大脑并将其控制，让你厌恶原来自己所好的善行，亦会让你喜欢原来自己所恶的恶行。所以，当你施行自己所好的善行时，须承受其中自己不太喜欢为之的善行，当你厌恶自己所恶的恶行时，须避开其中值得喜欢的内容。

第三十论

当以理智看待尘世的浮华

尘世乃是浮华，若人的理智未能战胜浮华，则浮华便会控制人的肢体。智者对浮华视而不见，不屑一顾：他透过眼前的浮华能够窥见其后的龌龊，预见到其邪恶的后果。于是便食用了其苦涩之果，饮用了其浑浊之水，以使其化为甜美的果实和甘醇的饮品，让其在未来永恒不灭的生活中一直保持清澈。即使其接受理智，不太心甘情愿，理智亦未按其所好的方式出现，但智者却不会对理智生厌。

第三十一论

为人不可言而无信

处事不可习非成是，为人不可言而无信。

第三十二论

知恩感恩，遵循主道

真主对众生恩典之丰赡，对芸芸众生恩泽之浩荡，即使众生之中福分最低者、享受恩泽最寡者、学识最弱者、做事最无能者、口才最笨拙者，皆会因自身感受到的恩惠与德泽而竭诚感谢主，盛赞主的恩德。但是，即使芸芸众生之中获得福分最高者、享受恩泽最多者、学识最广者、做事能力最强者、口才最伶俐者，其对主的感赞与主应得的感赞相比仍相距甚远。

谁若内心对主感激涕零，深表感恩，盛赞真主，便是通过感恩与赞美靠近了主，亲近了主，并因此会为今世获得更多裨益，为来世获得更多酬报。

学者的学问、善者的善行最为人熟知之处乃是引人向善，引导别人像自己那样热爱真主，热爱其睿智，遵从主命行事，向他们阐明应该坚守什么，应该放弃什么，并将这些美德传递给亲友，以便在来世得到酬报。

第三十三论

上天赐予的最佳馈赠

宗教乃是真主赋予芸芸众生的最佳、最有益、最值得赞美的恩赐，其内容字字珠玑，皆为至理名言，足以令那些对宗教与至理名言茫然无知的愚者交口赞誉。

第三十四论

最实至名归的人

才华出众者最适合执掌权力；

满腹经纶者最适合运筹帷幄；

博施济众者最应该得到恩惠；

知书达理者最应该学富五车；

仗义疏财者最应该富甲天下；

理解主道最透彻、践行主道最完美者与主最为亲近；

最富有睿智者乃是对主道最笃信不疑者；

与真主关系最密切者乃是祈求灵验者；

从主道受益最大者乃是距离邪恶最远者；

最受人们拥戴者当属博施济众最广者；

最乐于助人者方为人们之中最强大者；

抗御魔鬼最厉害者方为最勇敢者；

最能战胜欲望与贪婪者方为举证最成功者；

最能摒弃个人好恶者方为最能从善如流者；

人们之中最自爱者方为最值得交好者；

选择馈赠对象最恰当者方为最慷慨者；

最能承受压力者方为最长久享受安逸者；

心胸最宽广者方为最处变不惊者；

最知足者方为最富有者；

距离奢侈浪费最远者方为生活最为富裕者；

表现最佳者方为最富有睿智者；

牙齿与爪子最不锋利者方为最安全者；

据理力争、言辞犀利者方为说服力最强者；

与人们和睦相处最长久者方为待人最公道者；

对自己得到的恩赐最感恩戴德者方为最有资格得到恩赐者。

第三十五论

自负乃是理智的大敌

父辈留给子女最好的遗产，乃是良好的声誉、有益的知识与正派的朋友。

宗教与观点之间的区别在于，宗教以虔诚得以保全，而观点则以争辩得以确立。谁若将宗教变成争辩，便是将宗教变成了观点。谁若将观点变成宗教，则是将自己变成立法者。而谁为自己制定宗教立法，便是无宗教者。

宗教与观点在诸多方面极为相似，若它们无相似之处，便不再需要区分。

孤芳自赏乃是理智大忌，争执不休乃属偏执的羔羊，吝啬乃是贪婪的花粉，狡辩乃是舌头的堕落，盛气凌人乃是愚昧的根源，趾高气扬乃是低俗的孪生兄弟，恶意竞争乃是敌意的姐妹。

第三十六论

勿以个人好恶行事，莫以高低贵贱纳言

欲行善事，必先克服个人好恶，以免后者占上风；欲行恶事，须将自己的好恶置后，这样或许你会如愿以偿，而置后的那些时日便是胜利成果。

一个人身份低微，却并不妨碍你采纳其正确见解，选择其高尚品德。因为一颗不凡的珍珠，不会因为将其捕捞出来的采珠工身份低微而被人轻视。

第三十七论

学问乃学者的饰品

学有所成的大门之一，乃是求学者须使自己求学的目标顺乎内心愿望，对所学知识能够承受与接收，免得徒劳无功，空耗岁月，在毫无裨益的工作中徒费精力，如同想开垦滩涂的人却在那里种上了核桃树与杏树，想开垦硬地的人却在那里种上了枣椰树与香蕉树一样。

学问乃是人在康乐时节的装饰，落难时节的救星。

心智借学问得以开发，智慧借知识得以完善。

第三十八论

原生态智慧乃是未曾荒芜的良田

未经磨砺的原生态智慧，如同未曾荒芜的良田。

第三十九论

认主指南

可以证明认主及虔诚之缘由的方法之一，乃是将尘世大大小小的表象，悉数委托给运筹与策动其变化的天数。谁若想以大举例，便请他仰望太空。他将明白，茫茫太空之中有一位主在驱动天体运转，将太空万般物体运筹得有条不紊。谁若想以小举例，便请他观察芥籽。他将明白，一粒芥籽亦有一位运筹者照看其萌芽、滋润其生长，从土壤与水分中为其调剂营养，确定其生长期和枯萎期。请看预言与梦幻，以及在人们内心深处不知不觉中产生，而后通过言行表现出来的结果。接着再请看学者与愚者们、遵循正途者与步入歧途者们共同赞美与尊崇真主。再看那些最初怀疑主、视主的存在为虚妄之事的人，最终如何承认他们获得了新生，认识到他们本身并非自己所创造。

所有这些皆归功于主，亦证明这些事情皆源于主，从而更加增强了信士们的信念：真主乃是至大至尊的真理，任何人不能将其视为虚妄。

第四十论

君权天授，不可冒犯

君王拥有一项权力，即臣民们凡事皆须按其意志行事。

智者当对君王忠心进谏，唯命是从，为君王保守秘密，美化君王的品行，以自己的言行维护君王。

凡事皆以取悦君王为目的；与君王保持一致，将君王的好恶与旨意置于自己的好恶与观点之上，即使自己的观点与君王的旨意相左，也要以君王的旨意判定是非。

对那些与君王分庭抗礼者和无视君王权益者，要旗帜鲜明地予以反击；与人交往要以不疏远君王为前提；莫使任何人对自己的仇视和伤害演变成对君王的怨恨；不为任何人提供蔑视君王权威或贬低君王权益的机会。

对君王进谏当知无不言；遵君王之令当毫不懈怠。

若得君王垂青，不可趾高气扬；若君王视其为心腹，不可冒犯君王；若君王委其以重任，不可暴戾恣睢。

若向君王提出要求，不可穷追不舍。不给君王增添麻烦，对君王吩咐的差事，不可嫌其繁重。

若得君王赏识，不可恃宠而骄，斗胆犯上。若君王对其发怒，不可改变对君王的忠心。若得君王赏赐或别人馈赠，要赞美真主和君王，因为若无真主通过君王对其庇护，任何人不会对其馈赠。

第四十一论

学者的境界

学者的境界，表现在其清楚可企及的目标，放弃不可企及的目标；以美德修身，完善自我；人前展现才华而不自负自傲；审时度势；体察民情；处事公正；对求教者善于引导；虽与朋友和而不同，却亲密无间，和睦相处；心口如一；凡事必求公道；遇难心胸宽阔；做事循规蹈矩；目光高瞻远瞩。

第四十二论

世界末日的学说

通过世界末日学说，可窥视其中的某种迹象，通过对业已发生的事情举一反三，可预见现世中某些未发生之事。

第四十三论

怎样做人

人生在世，当勤学好问，在真理与谬误面前泾渭分明；当诚实可靠，言而有信，为人守约，一诺千金；当知恩感赞，以求更多恩泽；当乐善好施，广结善缘；对受害者怀怜悯之心，以免自己遭受伤害；当为人友善，不做魔鬼品行的滋生之地；当守口如瓶，遇事勇敢面对，免得无过受罚；当为人谦逊，令人关其祝福，而不要招人嫉妒；也要为别人走运祝福，以免遭到嫉妒和伤害；当知足常乐，目光专注于手中所得；当处事谨慎小心，免得时常担惊受怕；当不记仇隙，免得经常自我伤害；当有羞耻之心，免得被其他学者诟病。对学者来说，其他学者的诟病甚于君王的惩罚。

第四十四论

闪光的忠告

魔鬼一生摒弃知识，其灵魂与躯体皆为愚昧，其本源乃是心怀仇恨者与冷酷无情者，其归宿乃是恚恨之人，其生活乃是与人敌对和争斗，其愿望便是死不悔改地作恶。

人云：若未经智者们异口同声，一致首肯，任何人不可自诩其能，自以为学问高深、智谋超人。任何门类的学问，绝不可能仅由单独某个人的智慧便会完善。

最公正的品行乃是将心比心，以自己衡量别人，只有自己乐意接受的事情，方可让别人接受。所谓己所不欲，勿施于人，正是这个道理。

最有益的智慧，乃是用现有的财富改善生活，而不予理会未曾遭遇的灾祸。

清楚自己对某些事情不明白，是为有知识也。

智商最高的人会对今生与来世妥善安排，今生的结束并不会对来世产生负面影响。倘若他无法做到，便会拒绝眼前之小利而选择长远之大利。

人云：信仰某种对象，即使是妖术也罢，远胜过什么都不信，亦不寄望于来世。

没有一个忏悔者因其忏悔被送进火狱，也没有一个死不悔改者因其死不悔改被送进天堂。

至善有三种特征：愤怒时节的诚实，艰难时节的慷慨，强势时节的宽恕。

第四十五论

谎言乃万恶之首

谎言乃罪孽之首：谎言创立罪孽，眷顾罪孽，强化罪孽。它会呈现三种变化：谎话连篇、矢口否认与胡搅蛮缠。撒谎者粉饰自己的欲望，遂使欲望幻化为虚假的希望，从而愈加鼓励其撒谎，以为谎言永远不会被人发现。一旦真相大白，他便会矢口否认，顽固对抗。若未能奏效，最后的招数便是胡搅蛮缠，无理狡辩，捏造证据，以荒谬对抗真理，直至迅速步入歧途，无耻无羞地顽抗到底。

第四十六论

人的信仰

人的信仰绝不可能一成不变，而是随着时间的推移不断增减。

第四十七论

小人的标志

带欺骗性的小人，其标志乃是言语动听，行为恶劣；轻易不怒，天生好妒；当面忍辱，怀恨在心；故作慷慨，心胸狭窄；慷别人之慨，吝自己之财。

第四十八论

处事当分轻重缓急

古人云：若遇百事缠身，当分清轻重缓急，首先处理最重要的事情。若无法分清孰轻孰重，当先处理最容易做的事情，若仍然模糊不清，当先处理机不可失、失不再来的事情。

第四十九论

人分四类

古人云：人分四类，其中两类人须经过考验方可试出他们的真相，而另外两类人则无须再经过考验。

须经过考验的两类人，一类人本身忠厚老实，与其他忠厚老实的人交往，仍然忠厚老实；而另一类本身厚颜无耻，与其他厚颜无耻的人交往，仍然厚颜无耻。你无法断定，那个忠厚老实的人若与厚颜无耻的人交往是否会变得厚颜无耻，而那个厚颜无耻的人若与忠厚老实的人交往是否会变得忠厚老实。因为交往的对象不同，他们的道德品性也就不同。

至于另外两类人之所以无须再度考验，则是因为你业已对他们了如指掌：一类人即使与忠厚老实者相交，仍不改其厚颜无耻；而另一类人即使与厚颜无耻者相交，亦不失其忠厚老实。

第五十论

名言散录

智者当用两面镜子。用第一面镜子观察自己的缺点与毛病，便会自感渺小，遂尽其所能矫正自己；用第二面镜子观察别人的优点与长处，便会对他们赞美有加，欣羡不已，遂尽其所能学习那些美德。

谨记，不可与亲属、子女、朋友和弱者对簿公堂，以确凿的证据私下里反驳他们便足矣。

谨记，既已摆脱一场灾难，切不可再陷入另一场灾难，或许你无法再次脱身。

虔诚者不会欺骗人，智者不会受人欺骗。

皆因虔诚者不会妄言自己不懂之事；智者则对自己所懂之事确信无疑。

古人云：明知是错还要去做乃属偏执，而偏执乃是节操之大忌；明知是对却放弃去做乃属疏忽大意，而疏忽大意乃是宗教之大忌；对无法把握对错的事情贸然去做乃是刚愎自用，而刚愎自用乃是理智之大忌。

古人又云：对上司当恭敬，对下属要随和，对友人当求和睦。其中，要让善待朋友成为自己的最佳选择。因为那将为你证明：你对上司恭敬并非是对他们卑躬屈膝，而对下属随和亦非对他们有所需求。

第五十一论

五种不幸之人

世上有五种人遇到五种事非但不会高兴，反而还会懊悔不已：无能之人一旦失去工作；与朋友和兄弟绝交的人一旦遇上灾难；由于失算而被敌人打败的人一旦想起自己的无奈；与贤妻离异的人一旦续弦遇上恶妇；胆大包天、无恶不作的人一旦大限来临。

第五十二论

凡事相辅相成，方可相得益彰

徒有智慧却不具虔诚之心毫无裨益；记性虽好却无智慧毫无裨益；徒有孔武之力却不具铁石心肠毫无裨益；徒有外表之美却无内心之惠毫无裨益；徒有高贵出身却胸无点墨毫无裨益；徒有欢乐而无安全保障毫无裨益；徒有钱财却不乐善好施毫无裨益；徒有豪爽之风却不谦逊待人毫无裨益；徒有小康却不具大富大贵毫无裨益；徒有勤奋却不见成功毫无裨益。

第五十三论

凡事皆有因果

君子风范源于智慧；真知灼见源于实践；心情愉悦源于美誉；内心欢乐源于安宁；亲近取决于友谊；工作取决于能力；富有取决于节俭。

第五十四论

凡事有根才有果

智慧的根源乃是遇事沉稳，其果实便是逢凶化吉；虔诚的根源乃是知足常乐，其果实便是功德圆满；成功的根源乃是勤奋，其果实便是如愿以偿。

第五十五论

水火不相容，正邪不两立

寡廉鲜耻的无赖无法与高风亮节的智者相提并论；
满嘴谎言的骗子无法与节操高尚的志士相提并论；
见死不救的市侩无法与慷慨助人的贤者相提并论；
忘恩负义的小人无法与令人敬仰的君子相提并论。

第五十六论

骗子不堪为友

莫与骗子交友；莫向弱者求救；莫向懒汉求助。

第五十七论

不求虚妄事，心境自怡然

令人愉悦的要义之一，乃是不去追求自己喜欢却不存在的东西，亦不追求虽然真实存在却非自己喜欢的东西。

第五十八论

先受苦中苦，后享甜中甜

行善之道，宜速不易迟。追逐嗜好，宜迟不易速。

当为生计付出辛劳，不可为无所事事兴高采烈，莫对劳作心生怯意。

第五十九论

智者处世，不失理智

谁若将尘世的某种东西视为高大上，并因此乐不可支；谁若将尘世的某种东西视若敝屣，并对其不屑一顾；谁若小看某种罪孽，并胆敢为之；谁若被敌人的假象所骗，并对其放松警惕，那便是丧失了理智。

第六十论

智者不会轻侮任何人

世上有三种人最不该受人轻侮：虔诚者、上司和朋友。谁若轻侮虔诚者，便会泯灭自己的信仰；谁若轻侮上司，便会葬送自己的前程；谁若轻侮朋友，便会丧失自己的人格。

故智者不轻侮任何人。

第六十一论

欲成大事，需具备六个条件

欲成大事，需具备六个条件：谋略、天时、人和、学识、勤奋与辅佐者。

这六个条件又分别相辅相成。

谋略与学识相辅相成。学识不足则谋略不周，谋略周全则会使学识完善。

天时与辅佐者相辅相成。虽有人相助却未逢天时则一事无成，只有天时而无人辅佐亦属枉然。

勤奋与人和相辅相成，勤奋乃人和的前提，只有依靠人和，勤奋才会得正果。

第六十二论

知足乃是智者完美的标志

智者知足常乐，反省自身，故不犯大过，不生大错，一生平安无虞。

智者不会与自己可能会揭穿对方谎言的人交谈；不会向可能会拒绝自己的人求助；不会允诺自己无法实现的诺言；不会奢求令人诟病的愿望；不会冒犯自己无力对付之人。

智者对自吹自擂者的洋洋自喜不予置理，免得当面揭穿出现尴尬；他对乞讨者得到的东西不屑一顾，免得向人乞讨招致屈辱；他对允诺所得到的赞美不屑一顾，免得失信而招致抱怨；他对期待的乐趣不屑一顾，免得最终失望；他对官场晋升者的品级不屑一顾，因为他见识过太多玩忽职守者出乖露丑。

第六十三论

明智与不明智

陶醉于尘世享乐而忘记来世的人缺乏理智，而忧心于尘世的享乐终将消失而自我禁欲的人亦非明智。

第六十四论

人生赢家乃属幸运者与沉默者

有两种人获得了幸福：幸运者与沉默者。

因为幸运者乃是如愿以偿的成功者，而沉默者则与世无争，不与人争斗，不四处树敌。

人生在世，能够在遏制欲望和应付敌人的过程中承受各种变故，便是心地善良的人生赢家。

第六十五论

幸运者受真主指引，不幸者受魔鬼诱惑

幸运者受真主引导而追求来世，乃至于他会说：来世便是一切。如果他为修来世而耗费了今生并舍弃了世俗欢乐，真主不会因此而剥夺其今生的福分，亦不会减少其今生的欢乐。

不幸者受魔鬼诱惑而追求今生，乃至于他会说：今生便是一切。于是真主便会让其在自己所选择的尘世中尝遍苦涩，诸事不顺，并让其在来世蒙受屈辱。

第六十六论

世人分四种

世人分为四种：慷慨者、吝啬者、挥霍者与节俭者。

慷慨者将今生与来世的福分悉数用于来世；

吝啬者将今生与来世的福分混淆颠倒；

挥霍者将今生与来世的福分悉数用在今生；

节俭者让今生与来世的福分各得其所。

第六十七论

至贵莫过善行，至美莫如智慧

最富有的人乃是人们之中行善最多者。

某人曾与一位哲学家有过一段对话：

问："人能得到的最好的东西是什么？"

答："智慧的天性。"

问："假如他未得到智慧的天性又该如何？"

答："学习知识。"

问："假如他无法学习知识又该如何？"

答："舌头无欺。"

问："假如他无法做到舌头无欺又该如何？"

答："永久沉默。"

问："假如他无法做到永久沉默又该如何？"

答："趁早死去！"

第六十八论

人不自知乃是最大的缺点

人最大的缺点乃是对自身的缺点毫无察觉。谁若对自己的缺点毫无察觉，便会对别人的优点熟视无睹，自然无法根除自身并未察觉的缺点，也无法学到别人身上被自己熟视无睹的优点。

第六十九论

自矜者招损，自狂者贾祸

宁可默默无闻，不可臭名昭著。

在这世上，自我炫耀者不会令人赞誉；动辄大怒者不会内心愉悦；不忮不求者不会贪得无厌；亡人君子不会嫉妒成性；欲壑难填者不会富有；见异思迁者不会有朋友。

世上有许多不良品行，皆集于愚者一身，令其乐此不疲。譬如：

愚者往往以其不具有的学识和君子风范自我炫耀；见到善良者受人轻侮、遭人排挤，愚者往往会幸灾乐祸；与待其公道、温文尔雅的学者交谈时，愚者往往会陡然提高嗓门，疾言厉色，而后一帮愚者便会蜂拥而上，扯高嗓门为他帮腔助威。

愚者往往会说出某些离奇古怪的话语，或做出某些稀奇古怪的事情，从而臭名远扬。

愚者在社交场合甚或在君王面前，往往会不顾身份地位，抢在前面就座。

第七十论

言者庸俗的标志

讲话者庸俗的标志乃是其所讲的内容不值得发笑，而他自己却哈哈大笑；或者别人与同伴交谈时，他凑上去便喧宾夺主，抢过话题喋喋不休；或希望同伴止住话头听他说话。而当同伴对他洗耳恭听时，他又期期艾艾地讲不出精妙绝伦的话语。

第七十一论

火狱的向导与魔鬼的藏匿者

信仰之外多余的知识乃是毁灭的诱因，不为取悦于主，不为善良的人谋福祉，多余的学问会将人引入火狱。

非凡的记忆若不用于有益的知识，便有损善行；超常的智慧若不用于抵制罪恶，便如同魔鬼的藏匿者。

第七十二论

愚者之害最令人畏惧

愚者之害防不胜防，无论亲戚、邻居还是朋友。

一旦发生火灾，人们最担心的东西莫过于距离火源最近的物体，愚者的情况便与火灾相同。若愚者与你为邻，便会令你苦不堪言；若愚者与你有亲戚关系，便会对你作孽；若愚者与你相识，便会给你带来难以承受的磨难；若愚者与你交往，便会给你带来伤害，令你恐惧不已。他饥饿时像一头凶恶的野兽，吃饱后便像一个暴虐的君王。他一旦混迹于宗教，便会将人引入火狱。

躲避这种人，比躲避见血封喉的毒蛇、令人恐惧的火灾、让人走火入魔的邪教和无药可医的不治之症更为急切。

第七十三论

智者行事，慎之又慎

过去人们常说，要与仇家适当接近一些，以便掌握敌情，知己知彼。但莫与仇家太过接近，以免受其侵害，令自己俯首屈膝，亦使追随者心生芥蒂，疏远自己。

这其中的道理如同太阳底下竖着的木棍一般，若让它稍微偏一点，其影子便会伸长，若让它偏过了头，其影子便会缩短。

在任何情况下，处事谨慎者皆不会对仇家掉以轻心：若仇家在远处，谨慎者会防范他远道偷袭；若仇家在近处，谨慎者会防范他突然袭击；若仇家公开现身，谨慎者会提防其诈败，防范其圈套和陷阱；若发现仇家单独现身，谨慎者会提防其阴谋诡计。

明智的君王会像大海吸纳河水一般，善于采纳臣下的意见。

胜利靠决心，决心靠计谋，计谋靠保密。

第七十四论

向人请教的益处

即使请教者的智慧比被请教者更胜一筹，亦会像火把靠油脂助燃一样，吸收对方的智慧以完善自己的智慧。

当被请教者对请教者的正确观点予以肯定，和颜悦色地指出其观点中的谬误，而对两人均持怀疑态度的观点反复斟酌，这才是协商之道。

第七十五论

品行恶劣者不可奢望别人赞扬

狂妄自大的人不可奢望别人赞扬；骗子不可奢望广交朋友；道德败坏的人不可奢望荣誉；吝啬鬼不可奢望被人称道；贪婪的人不可奢望朋友众多；孤芳自赏的君王不可奢望江山永固。

第七十六论

以柔克敌，方能一劳永逸

以柔克敌比以刚克敌更能从根本上彻底解决问题。

第七十七论

四样东西越少越好

世上有四样东西，虽少却不嫌其少：火灾、疾病、仇家和债务。

第七十八论

圣明君王，万民景仰

身为君王，为政宽宏大量，遇事明察秋毫，善于把握时机，喜怒掌控得当，待人宽猛相济，处事区别轻重缓急，对今日之事一清二楚，对明日之事了然于心，对诸事结果料事如神。此种贤德明君，堪当景仰。

第七十九论

弱者与强者各擅胜场

弱者能够如愿以偿的原因恰恰是强者如愿以偿的障碍。

第八十论

君子相交于义，小人相交于利

智者与慷慨者总是想方设法地行善助人。

好人之间的友谊易结不易断，如同金质杯子，易修补而不易破裂。

恶人之间的友谊易断不易结，如同陶罐，稍不经心便容易破碎，且无法修补。

君子通过一次会面或一日相识，便会将友情赋予对方；小人只是出于某种利益或某种恐惧心理才会与人结交。

世人之间往往在心智与钱财两个方面相互交换和钩心斗角。

以财相交的人乃是相互利用、尔虞我诈、钩心斗角的合作者与利益共享者。

第八十一论

钱财乃是一切

你的门人、幕宾、朋友与侍从追随你皆为钱财，只有钱财方能显示大丈夫气概。没有钱财，便没有计谋与实力。

无朋友者举目无亲；无子嗣者无人记怀；无理智者既无今生亦无来世；无钱财者一无所有。

第八十二论

贫穷贾祸

贫困使穷人仇视世人，令人丧失理智和君子风范，使人不顾学识和礼仪，成为令人怀疑的对象和灾祸的集聚之地。

谁若遭遇贫困，便不得不舍弃羞耻之心；谁若舍弃羞耻之心，便会失去欢乐；谁若失去欢乐，便会令人生厌；谁若令人生厌，便会受人伤害；谁若受人伤害，便会伤心不已；谁若伤心不已，便会丧失理智，其聪明与才智皆会被人诟病。

谁的才智、理解力和记忆力受损，其大部分言行皆将对自己有害无益。

人一旦贫穷，原来对其深信不疑的人便会指控他，原来对其印象很好的人便会对他产生误会。别人所犯的过错，人们便会猜想是他所犯，从此他便成为人们指控与误会的对象。

同样一种品性，富人表现出来被视为美德，穷人表现出来则被视为缺陷。

如果他勇敢，人们会说他鲁莽；

如果他慷慨，人们会说他败家；

如果他宽宏大量，人们会说他软弱无能；

如果他庄重，人们会说他呆板；

如果他能言善辩，人们会说他胡言乱语；

如果他沉默寡言，人们会说他笨嘴拙舌。

第八十三论

死亡乃是绝望者的解脱

人云：谁若罹患不治之症，或失去亲友，或身处异乡、居无定所、返家无望，或穷困潦倒、被迫乞讨，则活着对他来说不啻死亡，死亡对他来说乃是解脱。

第八十四论

欲望与贪婪贾祸

我们发现，世间的灾祸大多源于欲望与贪婪，以尘世为归宿的人依然在灾难和疲惫中煎熬，因为他依然被贪婪与欲望附身。

第八十五论

学者们如是说

我听学者们说过：聪明莫如精心筹划；虔诚莫如弃恶从善；门第高贵莫如品德高尚；富贵莫如知足常乐；至忍莫如能忍无法改变之事；至孝莫如心存怜悯；至交莫如推诚相见；最大的智慧莫如对诸事洞若观火；心情愉悦莫如舍弃无法企及的目标；世上最大的欢乐莫如与朋友相伴；世上最大的忧伤莫如失去朋友。

第八十六论

会说不如会做

话说得好还须事做得好，这才算圆满。如同病人知道什么药物能够医治自己的疾病，却并未服用那种药物，这对他来说毫无裨益。

第八十七论

何为大丈夫

大丈夫具侠义之风，虽贫穷亦受人尊敬，如同威风凛凛的狮子，即使伤痕累累，也不失其威风。

无大丈夫气概者，纵然广有钱财，亦遭人鄙夷，如同狗一般，即使它头戴项圈，脚戴镯子，依然会遭人们鄙夷。

第八十八论

行善自有好报

人生在世，当立志多行善事，争做好人。倘若你果真如此，则善果便会有求必应，如同涓涓溪流汇入江河一般，滔滔不绝。

第八十九论

常在与不常在的东西

人们这样描绘一些不能经久常在的东西：云彩的影子、恶人的友情、女人的爱恋、虚假的消息与大量的钱财。

智者不会因广有钱财而欢乐，亦不会为缺少钱财而伤悲。因为他的财富便是其智慧与善行。

第九十论

最应该拥有欢乐和体面的人

最应该拥有欢乐、最应该享受体面生活、最应该受到赞誉的人，乃是家中高朋满座、门庭若市、户限为穿的人。他令朋友欢乐，朋友也令他欢乐。他是朋友急难时节的靠山，因为君子一旦跌倒，便只有靠君子帮扶。如同大象一旦陷入泥沼，只有其他大象才能帮它脱离泥沼的道理一样。

第九十一论

为人多行善，浮世换永恒

智者即使行善无数，也会对自己所行善事视而不见。即使为行善事而拿自己的生命去冒险，亦不认为那有什么不妥。因为他明白，自己这是在以今生博来世，以浮世换永恒。

在智者看来，世人之中如愿以偿的求索者和居安思危的求助者，乃是最令人羡慕的人。

第九十二论

有钱天子非为贵，人生尽头论输赢

莫将钱财无数却无人与其分享的人视为富翁；莫将烦恼不休且口碑欠佳的人视为生活优裕者；莫将最终会导致亏本的赢利视为赢利；莫将最终会导致赢利的亏本视为亏本；莫将失去亲友的日子计算在生命之中。

第九十三论

人生遭遇万般愁，唯有朋友可分忧

朋友相见，相互倾诉烦恼与忧愁，有助于消忧解愁，内心安宁。

倘若某人与知心朋友分道扬镳，则如同其心底被人偷空，其欢乐被人剥夺。

第九十四论

祸不单行

我们往往刚刚迈出灾祸的门槛，接着便会陷入另一场灾祸。

第九十五论

祸福交替

有人说得好：人只要不跌跤，便会一直朝前走。如果某人在泥泞之地跌过一跤，此后即使他在平地行走，亦会跌跌撞撞。因为此人已是灾祸附身，他做任何事情都会翻来覆去，来回折腾。同样，交好运者不会常交好运，走背运者也不会常走背运。命运往往相互交替：交好运的人有时会走背运，走背运的人有时也会交好运。

التاريخ : ١-٢٠٢٣م / ٦-١٤٤٤هـ